I0153071

Die Sterboodskappers

Verkondigers van tye en tekens

Skrifaanhalings vanuit die Messiaanse Studie Bybel © 2018 of Ou Afrikaanse Vertaling 1953 (Nota: "Jeshua" is die oorspronklike Hebreeuse uitspraak van Jesus se naam).

Wanneer tradisies en geskiedkundige gebeure uit apokriewe boeke geloofwaardig is en ook ondersteun word deur geskiedkundige rekords, dan word hulle as ondersteunende bewyse gebruik.

Beelde: Die afkorting "WC" verwys na Wikimedia Commons, 'n publieke domeinbron. Ek het self die sterrekundige beelde gedoen met Stellarium. Die "hemelhorlosie" beelde het ek ook self gedoen (op GIMP). (Ek skryf in die eerste persoon wanneer ek kommentaar lewer of na myself verwys, ek dink dit klink meer natuurlik.)

Internet-adresse (webwerwe, blogs, ens.) wat in hierdie boekie verskyn, word as 'n hulpbron vir u aangebied. Dit word geensins as 'n onderskrywing beskou of geïmpliseer deur die skrywer nie.

Sterrekundige gebeurtenisse is gebaseer op waarnemings uit die Midde-Ooste in die tyd van Jesus. As gevolg van sterrekundige verskynsels verander die tye vir sekere gebeurtenisse (bv. die met die son opkomende of ondergaande datums van die sterre). Datums, tensy anders vermeld, is volgens die Gregoriaanse kalender.

Omslagontwerp deur Gerhard Groenewald

Gedruk en gebind deur Bidvest Data, Kaapstad.
Ook beskikbaar op Amazon.com

ISBN 978-0-6399999-1-3

MOADIM MEDIA

Gepubliseer deur Moadim Media

Soli Deo Gloria

Eer aan God alleen.
Sonder Hom sou hierdie boek nie moontlik wees nie.

Ek dra hierdie boek op aan my moeder.
'n Spesiale woord van dank aan almal
wie my ondersteun het en vir my gebid het.

Dankie vir u vertroue in my.
Seëninge en shalom vir julle almal!

Voorwoord: maak dit regtig saak?

Die temas en boodskappe van die bestemde tye leer ons meer omtrent Jesus Christus: wie hy is, wat hy gekom het om te doen en wat hy nog sal doen. Volgens die Bybel is hy op 'n bestemde tyd gebore, en het hy ook op 'n bestemde tyd gesterf:

> *Gal 4:4a Toe die bestemde tyd aangebreek het, het God sy Seun uitgestuur.*

> *1 Tim 2:5+6 Want daar is een God en een Middelaar tussen God en die mense, die mens Jeshua die Messias, wat homself gegee het as 'n losprys vir almal, die getuienis op die bestemde tyd.*

Ons glo dat hy ook op 'n bestemde tyd weer sal kom:

> *1 Thes 4:16 Want die Here self sal van die hemel neerdaal met 'n geroep, met die stem van 'n aartsengel en met geklank van die basuin van God; en die wat in die Messias gesterf het, sal eerste opstaan.*

Die "Basuin van God" verwys na Jom Teruah (Fees van Trompette), een van die bestemde tye in die Bybel.

Die Hebreeuse woord "moadim[1]" beteken "bestemde tye". Dit verwys na iets wat op 'n sekere tyd of tydperk gebeur. Dit kan spesifieke datums wees vir afsprake (bv. die sogenaamde "Bybelse feeste", wat eintlik afsprake met God is), nuwe mane, die seisoene van die jaar, ensovoorts.

Dit is werklik verbasend hoe die sterrekundige gebeure die geboortedatum van Jesus bevestig.

Sha'ul ("Paulus") noem die bestemde tye "skaduwees"; omdat hulle simbolies en profeties is (Kol 2:17).

As die "moadim" oor Jesus gaan, wat kan ons dan van hom leer as ons die bestemde tyd van sy geboorte bestudeer?

---

[1] Die meervoud van mo'ed is moadim. Dit word uitgespreek "moe'ah'diem".

Sommige mense glo dat as God wou hê dat ons die geboortedatum van sy Seun moes weet, dan sou Hy ons vertel het. Maar wie sê Hy het nie? Wat sê die Bybel oor die geboortedatum van Jesus?

Waarom is daar oënskynlik "irrelevante inligting" in die Bybel wat oorbodig lyk, maar wat noodsaaklik is om die geboortedatum van Jeshua te bepaal?

Wat as dit 'n eindtyd openbaring is wat daarop dui dat hy terugkom, om ons te waarsku om gereed te wees?

Die sterrekundige tekens by die geboorte van Jesus herinner ons ook aan sy wederkoms wat op hande is.[2] Ek glo dat dít die rede is waarom God dit nou eers vir ons moontlik gemaak het om die geboortedatum van sy Seun te bepaal.

Verder, sonder sekere goddelike openbarings, sou hierdie boek onmoontlik gewees het.

En God het gesê:
Laat daar ligte wees aan die uitspansel van die hemel,
om skeiding te maak tussen die dag en die nag;
en laat hulle dien as tekens,
sowel vir bestemde tye en seisoene,
asook vir dae, sowel as jare.

Genesis 1:14

---

[2] Mense wat na die sterre kyk om voorspellings oor die wederkoms van Jesus te maak ("Astro-profete") stel veral belang in sterrekundige gebeure in die Leo en Virgo konstellasies.

Inhoud

Deel 3: Berekening van die geboortedatum van Jesus

Deel 4: Chronologie en veelseggendheid van datums

---

[3] Moderne naam is Nissan. "Aviv" in Engels. Soms vertaal as Abib.

Deel 5: Eras en bedelings

Deel 6: Kontroversiële / debatteerbare kwessies

Bylae

Deel 1: Sterrekunde en kalenders

Oorsprong van beskawing: Die "Uit Afrika" bogstorie

In die 1940's is 'n skedelfossiel gevind by die Sterkfontein-grotte naby Johannesburg in Suid-Afrika. Dit is "Mev Ples" genoem. Sekere paleontoloë het toe beweer dat dit 'n "bewys" is dat mense daar ontstaan het, toe noem hulle die gebied die *Wieg van die Mensdom*. (UNESCO het dit in 1999 as 'n Wêrelderfenisterrein verklaar).

Maar hulle teorie (wat as feit beskou is) is nooit bewys nie. Sommige wetenskaplikes het die *Uit Afrika-teorie* bevraagteken of verwerp, en met goeie redes:

1. Meer fossiele is op verskillende plekke gevind. Elkeen is deur sommige paleontoloë en antropoloë verklaar om die oudste te wees (gewoonlik deur diegene wat hulle gevind het!):
   a. Die *Jebel Irhoud* skedel van Marokko (gevind in 1961).
   b. Die *Ndutu* skedel van Tanzanië (gevind in 1973).
   c. Die *Bodo* skedel van Ethiopië (gevind in 1976) en
   d. die *Dali* skedel van China (gevind 1978).

   (So waar gaan die volgende "oudste" skedelfossiel gevind word?)

2. Historiese, argeologiese en taalkundige bewyse ondersteun die feit dat mense uit Mesopotamië ontstaan het.

3. Genetiese studies[4] het inderdaad die *Uit Afrika-teorie* weerlê:

Klyosov en Rozhanskii (2012:80) sê die volgende:

---

[4] Klyosov, A. & Rozhanskii, I. (2012). Re-Examining the "Out of Africa" Theory and the Origin of Europeoids (Caucasoids) in Light of DNA Genealogy. *Advances in Anthropology*, 2, 80-86. doi: 10.4236/aa.2012.22009. Aanlyn (10/2018): [http://www.scirp.org/journal/PaperInformation.aspx?PaperID=19566]

Klyosov, A. (2014). Reconsideration of the "Out of Africa" Concept as Not Having Enough Proof. *Advances in Anthropology*, 4, 18-37. doi: 10.4236/aa.2014.41004. Aanlyn (10/2018): [http://www.scirp.org/journal/PaperInformation.aspx?PaperID=42557]

"Daarbenewens bestaan daar 'n genetiese gaping tussen sommige Afrikane en nie-Afrikane, wat ook vertolk word as 'n argument dat laasgenoemde van Afrikane afstam. 'n Meer waarskynlike vertolking kon gewees het dat beide huidige Afrikane en nie-Afrikane afsonderlik van 'n meer antieke gemeenskaplike voorouer afgestam het, en sodoende 'n spreekwoordelike vurk gevorm het".

Tipiese boomdiagramme van die Y-haplogroep van die wêreld wys duidelik dat die A en B Y-DNA haplogroepe afsonderlike takke is, en dat ander Y-haplogroepe NIE van hulle kom nie.

DNA-genealogie is gebaseer op sommige veronderstelde teoretiese grondslae. Teorieë behoort altyd as slegs moontlikhede aangebied word. Daardie wat as onwaar bewys word, moet weggedoen word (iets wat ongelukkig amper nooit gebeur nie).

Mesopotamië: Die WARE Wieg van die Mensdom

Gen 11:1-2 En die hele aarde het dieselfde taal gehad en een en dieselfde woorde. En toe hulle wegtrek na die ooste, vind hulle 'n vlakte in die land Sinear; en daar het hulle gaan woon.

Geskiedkundiges het altyd geglo dat die wieg van die mensdom in Mesopotamië is, want dit is duidelik wat die argeologiese bewyse toon. Byna al die meer as 200 vloedlegendes regoor die wêreld sê dat daar 'n wêreldwye vloed was (dit word ook bevestig deur vloedgeologie en mitochondriese DNA[5]).

In die meeste van hulle was die oorlewendes 'n familie in 'n boot wat op 'n berg beland het. (Die antieke Chinese simbool vir vloed is 'n prent van 8 mense op 'n boot). Daar is ook ekstra-Bybelse rekords van die toring van Babel en die daaropvolgende verspreiding van mense daarvandaan.

---

[5] http://www.icr.org/article/new-dna-study-confirms-noah/

Die oorsprong van sterrekunde en kalenders

Tyd is die gevolg van materie wat deur die ruimte beweeg. Ons horlosies en kalenders is gebaseer op of afgelei van waarnemings van een of meer hemelliggame.

Die antieke *Majaanse Langtelling-kalender* het 'n sonjaar van 365 dae genaamd *Haab*. 'n Goeie begrip van sterrekunde is nodig om dit te kan doen. Dit het in 3114 vC begin, gedurende die lewe van die profeet Henog. Dit blyk dat hy die vader van sterrekunde en die sonkalender was:

- Volgens Bybelse kronologie het hy 365 jaar geleef (c.3338 vC tot c.2973 vC). Daar blyk 'n verband te wees.
- "Henog-kalenders" het maande van 30 dae - net soos die antieke sonkalenders van 365 dae.
- Die *Mayaanse-sonkalender* van 365 dae het gedurende sy leeftyd begin.
- Volgens Eupolemus[6] het Henog die sterrekunde uitgevind.

Henog het Metushalag (Noag se oupa) en Lameg (Noag se pa) geleer, en hulle het Noag geleer. Noag het 'n sonkalender met 30 dae maande gevolg (Gen 7:11+24 en 8:3-4).

Dit het heelwaarskynlik 5 ekstra dae aan die einde gehad, soos baie antieke sonkalenders gehad het. Die Chaldeërs, Meders, Perse, Egiptenare, Grieke, Romeine en selfs Meksikane het hierdie 5 dae aan die einde van hul siviele jaar gehad. Dit was 'n tyd van feesviering.

Baie antieke kulture het twee kalenders gehad: 'n Siviele sonkalender en 'n godsdienstige lunisolêre kalender. Die lunisolêre godsdienstige kalender het bestaan uit 12 maanmaande, plus 'n ekstra skrikkelmaand wat ingesluit is wanneer dit nodig was[7].

---

[6] Eupolemus, aangehaal in Eusebius (c.320 nC). *Praeparatio Evangelica 9.17.8*
[7] Die Babiloniese Ryk het later hierdie "Umma-kalender van Shulgi" aangeneem. Shulgi was 'n groot Sumeriese koning, 2029-1982 vC). Hul jaar het in die lente in die maand *Nissanu* begin, op die eerste nuwe maan ná die lentenagewening. Tydens hul Babiloniese ballingskap het die Jode begin om die eerste Bybelse maand Nissan te noem in plaas van Aviev.

Nimrod, die Sumeriërs, Chaldeërs en Babiloniërs

Die Sumeriërs was meer as 4000 jaar gelede pioniers van sterrekunde en astrologie. Hulle het geskrewe rekords gehad van sterrekundige waarnemings vanaf 2234 vC:

Callisthenes, die filosoof wat Alexander die Grote vergesel het toe hy in 331 vC Babilon in besit geneem het, het rekords gevind van sterrekundige waarnemings wat 1903 jaar teruggaan. Hy het die rekords na Aristoteles in Griekeland gestuur (hulle was familie).[8]

Die Chinese en Egiptiese sterrekundige rekords ondersteun hierdie ou sterrekundige waarnemings. Daar is bewyse van 'n gemeenskaplike oorsprong van die Chaldeeuse en Egiptiese sterrekunde.[9]

Gen 10:6+8 En die seuns van Gam was: Kus (of Bel of Belus) en Mizraim (Egipte) en Put en Kanaän. Kus was ook die vader van Nimrod. Hy het begin om 'n geweldenaar op aarde te wees.

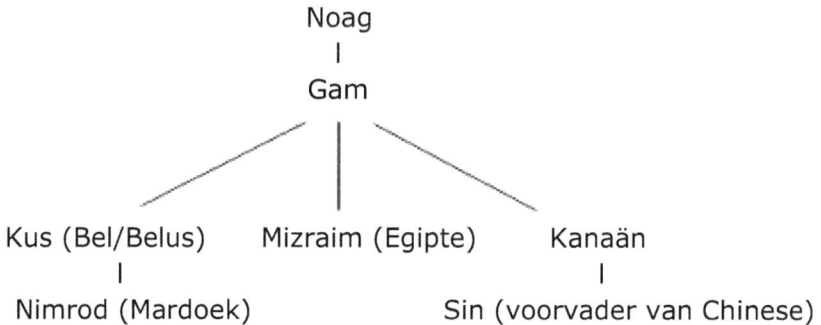

Noag
|
Gam

Kus (Bel/Belus)	Mizraim (Egipte)	Kanaän
Nimrod (Mardoek)		Sin (voorvader van Chinese)

Daar word geglo dat Gam die kennis van sterrekunde aan Kus en Nimrod oorgedra het ná die vloed.

---

[8] Simplicius van Cilicia (c. 535 AD), *Ad Aristotle De Caelo*, lib. ii. p. 123 ("Omtrent die hemele") Sy kommentaar op Aristoteles se kosmologiese verhandeling *De Caelo*, 350 vC. Porphyry ('n anti-Christelike Griekse filosoof, c. 234–305 nC) sê dieselfde in sy *Simplicium In De Caelo*.

[9] William Hales (1830). *A new analysis of chronology and geography, history and prophecy*, Volume 1 (Gilbert and Rivington, London). p37 - 40
John Jackson (1752). *Chronological Antiquities Or The Antiquities and Chronology of the most ancient kingdoms*, Vol 2 (Gedruk deur J.Noon, London). P76

Volgens die Bybel was Gam die voorouer van die Sumeriërs (die Kusiete wat daar gewoon het), die Egiptenare en die Chinese - die drie antieke beskawings wat die pioniers en leiers van sterrekunde was (en ongelukkig ook van die astro-godsdiens).

Die Chinese is afstammelinge van Sin. Hy was 'n seun van Kanaän, en Kanaän was 'n seun van Gam, 'n seun van Noag (Gen 10: 6 + 15 + 17). China word steeds *Sin* genoem in Hebreeus. (Die meervoud van Chinees in Hebreeus is *Sinim*, soos neergepen in Jes 49:12).

Die hoofstad van die Sumeriërs was Ur. Die Gudea-silinders (c. 2125 vC, sowat 80 jaar na die vloed) is klei-silinders met Sumeriese teks in wigskrif. Hulle bevat verwysings na konstellasies en sterre.

Nimrod het astrologie en sonaanbidding hervestig ná die vloed. Nimrod word verteenwoordig deur die konstellasie Orion. As gevolg van hul ooglopende verband met die seisoene, het hulle die sterre as gode beskou en aanbid. Dit word astro-godsdiens genoem.

Volgens Josephus[10] was dit Nimrod (Mardoek[11]) wat die toring van Babel gebou het. Geskiedkundiges reken dat dit eintlik 'n ziggoerat was wat as 'n tempel en sterrekundige sterrewag gebruik is.

Gen 11:3-4 Daarop sê hulle vir mekaar: Kom laat ons stene vorm en dit goed brand. Hulle gebruik toe die bakstene vir bousteen en die lymgrond vir klei. En hulle sê: Kom, laat ons vir ons 'n stad bou en 'n toring waarvan die spits tot aan die hemel reik; en laat ons vir ons 'n naam maak, sodat ons nie oor die hele aarde verstrooid raak nie.

Die woorde "waarvan die spits tot aan die hemel reik" (Gen 11: 4) beteken nie dat hulle 'n toring wou bou wat letterlik tot in die wolke gereik het nie, maar eerder dat hulle 'n poort of portaal wou bou na die geestelike dimensie/hemel.

---

[10] Josephus, F (c.94 nC). *Jewish Antiquities 1.4*
[11] Nimrod word geassosieer met Mardoek. Sien *Name en verbintenisse van godhede* op bladsy 133.

Ziggoeratte is as deurgange gebou vir "gode" om die mens te nader, dit wil sê om demone op te roep. (Die woord Babel kom van die Akkadiese *bab-ili*, wat beteken hek van God).

In c.2202[12] vC Daar was 'n aardbewing, ten tye van die verspreiding van die volke (Gen 10:25). Toe Belus II koning geword het, het hy die toring van Babel herstel en daar 'n sterrewag gebou.

Die antieke Chaldeërs was afstammelinge van die Sumeriërs. Die Chaldeërs het hul kennis van sterrekunde geërf en verder ontwikkel. Later het hulle deel geword van die Baboloniese Ryk (hulle het dit selfs vir 'n geruime tyd regeer). Hulle het die hoofrol in hul sterrekunde en astrologie gespeel. Die woord "Chaldeërs" is mettertyd verbind met Babiloniese sterrekundiges / astroloë.

Die Babiloniërs het gevorderde kennis van wiskunde gehad. Hulle het sterrekundige berekenings gedoen met behulp van rekenkundige en meetkundige wiskunde. Antieke Babiloniese klei-tablette[13] (gedateer tussen 1800 vC en 1600 vC) toon dat hulle bekend was met die Pythagoras[14] Stelling ($x^2+y^2 = r^2$), wat fundamenteel is in meetkunde en driehoeksmeting.

---

[12] Sommige skeptici sê dat 100 jaar ná die vloed nie genoeg tyd was vir die mense om genoeg te vermeerder het sodat hulle die toring kon bou nie. Dit is nie waar nie. Die ziggoeratte is gebou met bakstene. Hulle was nie so groot soos die piramides nie, meer soos 'n groot openbare gebou.

'n Span van 140 werkers kan 'n ziggoerat bou. Een werker kan 1000 kleistene met die hand per dag maak. Een messelaar kan 1000 bakstene per dag lê. Een span van 140 werkers kan 10 messelaars hê wat 10000 stene per dag lê.

Die gemiddelde tydperk van 'n geslag is 25. Sommige vaders (soos Joktan) het tot 13 seuns gehad. Die drie seuns van Noag het 16 seuns gehad. As ons 'n gemiddelde van 5 seuns neem per vader oor 4 geslagte, dan kry ons minstens 2000 mans ná 100 jaar (16x5x5x5).

[13] Plimpton tablet 322, Yale tablet YvC 7289, die Susa tablet en die Tell Dhibayi tablet

[14] Pythagoras (c.569 vC – c.490 vC), gewoonlik gekrediteer vir hierdie stelling, is meer as 1000 jaar later gebore.

Abraham en sterrekunde

Abraham het gekom uit Ur van die Chaldeërs, 'n beskawing met gevorderde sterrekundige kennis. Abraham en sy familie het afgode gedien (Jos 24:2). Indien Abraham se pa 'n heidense priester was (soos geglo word), dan sou hulle kennis gedra het van sterrekunde.

Blykbaar was Abraham 'n groot sterrekundige en wetenskaplike wat sterrekunde gebruik het om God se bestaan te bewys. Volgens oorlewering het Noag en Shem hom regte wetenskap en die aanbidding van die Allerhoogste God geleer. Ons lees in die Apokriewe Boek van Jasher hoe Abraham by hulle gebly het, en hoe hy besef het dat hemelliggame nie gode is nie (Jak 9: 5-19).

Josephus skryf[15]: "Berosus[16] maak melding van ons vader Abram sonder om sy naam te noem, wanneer hy só sê:" *In die tiende geslag ná die Vloed, was daar onder die Chaldeërs 'n man wat regverdig en groot was, en vaardig in die sterrekunde.*" Josephus skryf verder: "Maar Hecataeus doen meer as net melding maak van hom; want hy het 'n boek omtrent hom saamgestel en nagelaat .... Abram se naam is nog steeds bekend in die streke van Damaskus; en daar is 'n dorp na hom vernoem, *Die Woonplek van Abram*."

Eusebius haal vir Josephus aan soos volg[17]: *"In die tiende geslag ná die vloed was daar onder die Chaldeërs 'n regverdige en groot man, wat ook ervare was in sterrekunde."*

Die Bybel verklaar dat Abraham 'n regverdige man was, en dat hy in die 10de geslag ná die Vloed gebore is. (Gen 11, 15:6, 26:5, Heb 11:8).

'n Stellium kom voor wanneer 4 of meer planete in dieselfde teken is. Volgens astroloë is stelliums sterrekundige gebeurtenisse wat die wêreld aansienlik sal verander. Sterrekundige gebeure veroorsaak nie regtig die verandering nie (soos wat die astroloë glo nie), maar dit is tekens dat iets gebeur het of gaan gebeur (Gen 1:14).

---

[15] Josephus, F (c.94 nC). *Jewish Antiquities 1.7.2*
[16] Berosus was 'n Chaldeeuse geskiedkundige van die 3de eeu vC
[17] Eusebius (c.320 nC). *Praeparatio Evangelica 9.1*

Abraham se geboorte: 'n Groot gebeurtenis

Op 26 Februarie 1953 vC was daar 'n 5-planeet stellium in Aquarius. Dit was 'n uiters skaars gebeurtenis: Al 5 sigbare planete was geleë binne 4.33 ° - die digste groepering van die 5 sigbare planete in 'n tydperk van 8020 jaar![18]

Abraham sou baie hoog in aansien gewees het as hy tydens daardie stellium gebore is - en blykbaar was hy! Hy is gebore omstreeks 1951 vC, gebaseer op Bybelse kronologie. Maar maande word dikwels nie in Bybelse tydlyne ingesluit nie, so dit is baie meer waarskynlik dat hy in 1953 vC gebore is. Die boek Jasher beskryf 'n ster wat 4 ander sterre "ingesluk" het op die nag toe Abraham gebore is (Jak 8: 1-4). Dit is 'n goeie beskrywing van daardie stellium.

Daardie stellium het inderdaad 'n wesenlike verandering in die wêreld aangedui: Die geboorte van Abraham het die Era van die Ram (Ariës) ingelui. Dit is duidelik getoon met die ram wat hy op die berg Moria geoffer het (Gen 22).

Die Babiloniese astroloë was in diens van die koninklike hof. Hulle het sterrekunde bestudeer sodat hulle verduisterings en die beweging van Jupiter kon voorspel. Jupiter was geassosieer met Mardoek (Zeus), hul hoofgod. Hulle het hul kennis van sterrekunde gebruik om die mense te mislei om te dink dat hulle met hul gode kommunikeer.

Abraham was meer logies in sy redenasie: hy het tot die gevolgtrekking gekom dat as die hemelliggame vaste paaie gevolg het wat voorspel kon word, dan het hulle geen eie wil gehad nie en was nie gode nie.

As hulle paaie vooraf vasgestel was, dan moes daar Een wees wat hulle beheer het, en dié Een kon slegs die Skepper wees.

---

[18] The Free Library (2014). *Conjunctions That Changed the World : The conjunction of May 2000 is an occasion for looking back at planetary groupings that have changed history.* Aanlyn (09/2018):
[https://www.thefreelibrary.com/Conjunctions+That+Changed+the+World+%3a+The+co njunction+of+May+2000+is...-a061591263]

Abraham se nuwe geloof het die heidense priesters bedreig, dus het hulle hom weggejaag, volgens die apokriewe boek Judith:

> *Jdt 5: 8 Want hulle het die weg van hul voorvaders verlaat en die God van die hemel aanbid, die God wat hulle geken het: So het hulle hulle dan voor hul gode weggejaag, en hulle het na Mesopotamië gevlug en baie dae daar vertoef.*

> *Jdt 5: 9a Toe het hul God hulle beveel om van die plek waar hulle vertoef het, te vertrek en na die land Kanaän te gaan..*

Dit sê "*hulle het die weg van hul voorvaders verlaat*". Beide Abraham en sy vader Terach het hulle bekeer tot Jahweh, die Ware God.

Dit word ondersteun deur die feit dat Terach sy gesin geneem het en Ur van die Chaldeërs verlaat het:

> *Gen 11:31 En Terach het sy seun Abram geneem en Lot, die seun van Haran, sy kleinseun, en Sarai, sy skoondogter, die vrou van sy seun Abram, en dié het saam met hulle uit Ur van die Chaldeërs getrek om na die land Kanaän te gaan. En hulle het tot by Haran gekom en daar gaan woon.*

In die volgende vers het Laban die God van Abraham ook die God van die vader van Abraham en sy broer Nachor genoem[19]:

> *Gen 31:53 Die God (Elohiem) van Awraham en die God (Elohiem) van Nachor, die God (Elohiem) van hulle vader, sal regter tussen ons wees. En Jakob het gesweer by die Vrees van sy vader Isak.*

Daar was hongersnood in Kanaän, sodat Abraham na Egipte gegaan het (Gen 12:10).

---

[19] Sommige kommentators sê Laban het na twee verskillende gode verwys. Maar 'n soortgelyke taalstruktuur word in die volgende vers gebruik wat duidelik na een God verwys:
Eks 3:15 Toe sê God verder vir Moshe: Dit moet jy aan die kinders van Israel meedeel: Jahweh, die God van julle vaders, die God van Awraham, die God van Isak en die God van Jakob, het my na julle gestuur. Dit is my Naam vir ewig, en dit is my gedenknaam van geslag tot geslag.

Abraham en Egiptiese sterrekunde en rekenkunde

Klaarblyklik het Abraham die Egiptenare sterrekunde en rekenkunde geleer:

Josephus[20]: "Hy het hulle rekenskap en die wetenskap van sterrekunde geleer; want voordat Abram in Egipte gekom het, was hulle onbekend met daardie leerareas; want daardie wetenskap het van die Chaldeërs na Egipte gekom, en daarvandaan ook na die Grieke".

Eupolemus[21]: "En Abraham het by die Egiptiese priesters in Heliopolis gewoon en baie dinge vir hulle geleer, en dit was hy wat sterrekunde en ander wetenskappe aan hulle bekend gestel het. Hy het gesê dat die Babiloniërs en hyself hierdie dinge uitgevind het, maar die eerste ontdekking na Henog teruggespoor. Hy het gesê dat Henog eerste sterrekunde uitgevind het, en nie die Egiptenare nie".

Artapanus[22]: Abraham ... het saam met sy hele huis na die Egiptiese koning Pharethothes in Egipte gekom, en hom sterrekunde geleer."

Daar is argeologiese bewyse wat ondersteun wat hulle geskryf het:

Anderson[23]: "In 'n hersiene kronologie sou Abraham Egipte besoek het toe Khufu (of Cheops) Farao was. Voor Khufu was die vroeë Egiptiese piramides fantastiese argitektoniese strukture, maar hulle was nie perfek vierkantig of presies georiënteerd op al vier punte op 'n kompas nie. Maar toe Khufu sy meesterlike piramide gebou het, wil dit voorkom of daar 'n ontploffing was van sterrekundige en wiskundige kundigheid. Khufu se piramide was perfek vierkantig, waterpas en georiënteerd volgens die vier punte van die kompas.

Wanneer hy in die gepaste dinastie geplaas word, kon Abraham se besoek aan Egipte die katalisator gewees het wat 'n argitektoniese revolusie in die Egiptiese geskiedenis tot gevolg gehad het."

---

[20] Josephus, F (c.94 nC). *Jewish Antiquities 1.8.2*

[21] Eupolemus, aangehaal in Eusebius (c.320 nC). *Praeparatio Evangelica 9.17.8*

[22] Artapanus, aangehaal in Eusebius (c.320 nC). *Praeparatio Evangelica 9.18:1*
[http://www.ccel.org/ccel/pearse/morefathers/files/eusebius_pe_09_book9.htm]

[23] Daniel Anderson (2007). Egyptian history and the biblical record: a perfect match?
[https://creation.com/egyptian-history-and-the-biblical-record-a-perfect-match]

Sterrekundige tydseenhede

Job 38:31+32 Kan jy die bande van die Sewe-ster knoop? Of die toue van die Orion losmaak? Kan jy die konstellasies uitbring op hul tyd? En die Beer met sy kleintjies lei?

Maande

Die sterrekundige nuwemaan (Heb.: "Molad") is die eerste fase van die maan siklus. Dit vind plaas op die oomblik wanneer die maan tussen die aarde en die son kom (dieselfde ekliptiese lengtegraad). Die Maan is dan nie sigbaar nie, want sy verligte kant wys weg van ons af. Die Bybelse maand is van nuwemaan tot nuwemaan.

Lunisolêre jare

'n Lunisolêre kalender bestaan uit 12 maanmaande, plus 'n skrikkel-maand wat ingevoeg word wanneer nodig (om die jaar volgens die seisoene te hou). Sommige antieke beskawings (bv die Sumeriërs / Chaldeërs / Babiloniërs en die Chinese)[24] het die metoniese siklus gevolg, met 7 skrikkelmaande in 'n loop van 19 jaar. Die Joodse lunisolêre kalender is gebaseer op die metoniese siklus.

Son of tropiese jare

'n Sonjaar is die tyd wat dit die son neem om terug te keer na dieselfde posisie in die siklus van die seisoene; bv van lente-nagewening tot lentenagewening. Dit word ook 'n tropiese jaar genoem, van die Griekse woord *tropikos* wat beteken "om te draai".

Dit is die jaar waarop ons moderne kalender gebaseer is. Dit is ongeveer 365,242 dae lank.

Sidereale of sterjare

'n Sidereale jaar is die tyd wat dit verg vir die aarde en son om terug te keer na dieselfde posisie t.o.v die vaste sterre. Sterrekundiges gebruik hierdie "sterjaar kalender" omdat dit hulle in staat stel om hul teleskope maklik na die korrekte koördinate te rig.

---

[24] John Jackson (1752). *Chronological Antiquities Or The Antiquities and Chronology of the most ancient kingdoms*, Vol 2 (Gedruk deur J.Noon, London). p.66

'n Sterjaar is ongeveer 365.256 dae lank (ongeveer 20 minute langer as 'n sonjaar). 'n Sterdag is ongeveer 4 minute korter as 'n normale dag, wat beteken dat die sterjaar 'n ekstra sterdag het. Dit veroorsaak ook dat die begin van die sterdag elke dag op 'n ander tyd begin.

Sommige antieke kalenders (bv. die Indiese Tamil-kalender) is gebaseer op die sidereale jaar. Die woord *sidereal* kom van die Latynse *sidus* wat "ster" beteken.

Jare en die "met die son" (heliakale) datums van sterre

Sterre gesien vanaf die pole is altyd bokant die horison. Hulle word *sirkumpolêr* genoem. Geen ster wat by die ewenaar waargeneem word is sirkumpolêr nie, hulle almal kom op en sak. Sommige sterre wat waargeneem word op plekke tussen die pole en die ewenaar kom op en sak, terwyl ander sirkumpolêr is.

Dit lyk of die sterre vinniger as die son beweeg wanneer ons hulle waarneem (hulle kom elke dag omtrent 4 minute vroeër op). Dit is as gevolg van die verskil tussen die tropiese en sidereale sonjaar. As dit nie vir hierdie verskynsel was nie, dan sou sommige sterre altyd naby die son wees en nooit buite die Arktiese sirkel sigbaar wees nie.

Die woord *heliakaal* beteken "met betrekking tot die son". Dit kom van die Griekse woord *helios* wat "die son" beteken. Wanneer sterre in konjunksie met die son is (naby die son, soos van die aarde waargeneem), dan is hulle nie sigbaar nie.

Wanneer 'n ster na 'n tydperk van onsigbaarheid weer sigbaar word, noem ons dit die *heliakale opkoms* van daardie ster. Die laaste waarneming van 'n ster, voordat dit weer onsigbaar word weens sy konjunksie met die son, heet die *heliakale sakking* van daardie ster. Dit is gewoonlik op dieselfde dag van die jaar.[25] Hierdie datum beweeg stadig as gevolg van die vervroeging van die nageweninge (veroorsaak deur die verskil tussen die son- en sterjaar).

---

[25] Datums vir heliakale gebeure is afhanklik van sigbare waarnemings wat deur atmosferiese toestande beïnvloed word. Verskillende bronne gee verskillende datums, afhangende van die gekose grense vir sigbaarheid wat in hul berekeninge gebruik word. Vir die doel van hierdie boek is die "gemiddelde datums" gekies as die mees waarskynlike.

Seisoene en kalenders

Seisoene is die gevolg van die kanteling van die Aarde se rotasie-as. Terwyl die aarde om die son beweeg, beweeg die direkte strale van die son (wanneer dit reg bokant is) tussen die keerkringe. Dit veroorsaak die verskillende seisoene.

> Gen 8:22 Terwyl die aarde bestaan, sal saaityd en oestyd, koue en hitte, somer en winter, dag en nag nie ophou nie.

Baie antieke kulture het twee kalenders gehad: 'n Siviele sonkalender, en 'n godsdienstige en landbou lunisolêre kalender. Baie kulture het die tropiese sonkalender van 365 dae as hul siviele kalender gebruik. Die begin van die jaar was nie op enige spesifieke seisoen vasgepen nie en het stadig tussen hulle beweeg.

Die begin van die lunisolêre kalender word aan een van die seisoene vasgepen. Verskillende kulture het verskillende seisoene vir die begindatums gebruik. Skrikkelmaande word bygevoeg waar nodig. Hierdie kalender is gebruik om godsdienstige feeste te bepaal. Die seisoene vir aanplant en oes bly min of meer in dieselfde maande.

Die sidereale sterrekalender is die enigste ware vaste kalender. Dit het geen skrikkel-dae of maande nie. Seisoene en godsdienstige feeste is altyd op dieselfde tyd van die jaar.

Nageweninge en sonstilstande

Die nageweninge vind plaas wanneer die son die hemelewenaar oorsteek by die kruising tussen die hemelewenaar en die ekliptiese vlak. Die direkte strale van die son skyn dan op die ewenaar. Dag en nag is ewe lank op daardie dag (soos in die naam aangedui).

Tydens die sonstilstande lyk dit of die son op een van die trope stilstaan, voordat dit sy rigting omdraai. (Die Engelse *solstice* kom van die Latynse woord *solstitium*, wat beteken "die Son staan stil"). Dit gebeur op die langste en kortste dag van die jaar.

Die nageweninge en sonstilstande is gebeurtenisse wat die begin van die seisoene vanuit 'n sterrekundige perspektief aandui.

Sterrekundige gebeurtenisse en die seisoene

Die lente is bevestig deur die "lente-sterre". Hulle was die hele nag gedurende die maand van Maart sigbaar.[26] Sekere sterre se heliakale opkomste of sakkings was ook aanduidings van seisoene.

Lente	- Lentenagewening	20/21 Maart
"Lentester"	- Tsemech heelnag sigbaar	Maart
Somer	- Somer Sonstilstandpunt	22/23 Junie
	- Heliakale opkoms van Sirius	middel van Julie
(einde van somer)	- Heliakale sakking van Tsemech	einde van Augustus
Herfs	- Herfsnagewening	22/23 September
Winter	- Winter Sonstilstandpunt	20/21 Desember

Herfs:

Baie kulture het hul jaar in die herfs begin, ná die heliakale sakking van Tsemech. Dit was die seisoen om te ploeg en te saai.

Lente:

Die Joodse en Babiloniese kalender het op die eerste nuwe maan begin ná die lentenagewening. Lente was lamseisoen en die tyd vir die garsoes.

Tsemech was een van die **lentesterre**. Alhoewel dit op die meeste nagte van die jaar gesien kan word, kan dit gedurende Maart heelnag gesien word.

Die Romeinse kalender het op 1 Maart begin. Vir hulle was dit die seisoen om na die oorlog te **mars**jeer. Die maand Maart is vernoem na hul oorlogsgod, Mars.

Somer:

Die Egiptiese jaar het in Julie begin met die heliakale opkoms van Sirius.[27] Dit het die oorstroming van die Nyl aangekondig, waarná hulle geplant het.

---

[26] Seisoene in die Suidelike Halfrond is die teenoorgestelde.
[27] Animasie by [http://astro.unl.edu/classaction/animations/ancientastro/heliacalrisingsim.html]

Die Lentenagewening en April-gekkedag

Maart was die eerste maand in die Romeinse kalender. Dit was altyd die maand gewees waartydens die lentenagewening plaasgevind het. Die name van die numeriese maande van ons moderne kalender is 'n oorblyfsel van daardie ou kalender (bv. September was die 7de maand, ensovoorts).

In 46 vC verander Julius Caesar die lunisolêre kalender in 'n sonkalender, die Juliaanse kalender. Nuwejaarsdag is twee maande teruggeskuif (van 1 Maart tot 1 Januarie). Die 10de maand (Desember) het die 12de maand geword, maar het sy naam behou.

In die 3de eeu nC was die lentenagewening op 21 Maart. Hulle het die Juliaanse kalender gebruik. Die Juliaanse en Gregoriaanse (ekstrapoleerd) kalenders is dieselfde vanaf 1 Maart 200 nC tot 28 Februarie 300 nC. Die Gregoriaanse kalender het 3 minder skrikkeljare as die Juliaanse kalender oor 'n tydperk van 400 jaar.

Mettertyd het die datum van 21 Maart op die Juliaanse kalender wegbeweeg van die regte datum van die lentenagewening

Gedurende die Middeleeue het baie Europese lande (bv. Brittanje) gestop om Nuwejaarsdag op 1 Januarie te vier en het dit op 25 Maart begin vier. Hulle het die Juliaanse kalender gebruik. Hulle het dit gedoen om godsdienstige redes. Hulle het geglo dat 25 Maart die dag was waarop die moeder van Jesus swanger geword het.

Toe pous Gregory die Gregoriaanse kalender in 1582 ingestel het, is die begin van die jaar teruggeskuif na 1 Januarie.

Teen daardie tyd het 25 Maart van die Juliaanse kalender op 1 April op die Gregoriaanse kalender geval.

Diegene wat aan die ou Juliaanse kalender en nuwejaar (25 Maart) vasgehou het, het hul nuwejaar op 1 April gevier, volgens die Gregoriaanse kalender. In 'n poging om hulle te "oortuig" om te stop om hul nuwejaar op 1 April te vier, het mense begin om hulle te bespot en gekke van te maak.

Die Antikythera-meganisme

In 1901 het sponsduikers 'n groot skeepswrak met baie argeologiese skatte ontdek by die eiland Antikythera. Een van die voorwerpe wat hulle herwin het, was 'n geheimsinnige blokagtige meganisme. Die eerste studies het getoon dat dit 'n komplekse sterrekundige instrument was. Dit is die "Antikythera-meganisme" genoem

Dit is seker die beste en duidelikste voorbeeld van die verband tussen sterrekunde, tyd en kalenders. Dit is 'n antieke Griekse "analoog rekenaar" wat differensiële ratwerk gebruik het (iets wat mense gedink het eers in die 16 eeu uitgevind is).

'n Interpretatiewe rekonstruksie van die Antikythera-meganisme. Die oorspronklike brons oorblyfsels daarvan is in die Nasionale Argeologiese Museum in Athene.

Dit word beskou as die wêreld se oudste analoog rekenaar. Dit word gedateer uit die 2de eeu vC. Dit het wysers aan albei kante van die toestel.

Dit was gebruik om die beweging van die maan, son en planete te wys wanneer die handvatsel gedraai is.

Slegs 'n baie intelligente persoon met gevorderde kennis van sterrekunde en wiskunde kon só 'n gesofistikeerde toestel ontwerp.

Wikimedia Commons: Mogi Vicentini, 2007

Dit is ondersoek vir dekades, maar eers gedurende die laaste helfte van die vorige eeu het navorsing begin om sy geheime te openbaar. Hoogs gevorderde tegnieke het in die begin van hierdie eeu beskikbaar geword. 'n Internasionale span is gestig wat in 2005 die *"Antikythera Mechanism Research Project"* (AMRP) begin het.

Hierdie is hul bevindinge:

Oorsig: "Die Antikythera-meganisme word nou verstaan as toegewyd aan sterrekundige verskynsels en funksioneer as 'n komplekse meganiese "rekenaar" wat die siklusse van die sonnestelsel volg".

Tony Freeth: "Ons navorsing toon dat die Meganisme selfs meer gesofistikeerd was as wat voorheen gedink is, met 'n merkwaardige vindingrykheid van ontwerp".

Robert Hannah: "Alhoewel dit nou meer as 'n klein planetarium herken word, is die Antikythera-meganisme oorspronklik deur Price as 'n "kalender-rekenaar" geïdentifiseer, en ondanks ons huidige bekommernisse met sy gesofistikeerde middele om maanposisies en verduisterings te voorspel, bied dit nog steeds 'n groot mate van merking en meting van tyd.

Dit was in staat om dit te doen in terme van die Egiptiese kalender en 'n "sterrekalender" aan die voorkant van die wyserplaat, en van die Metoniese en Callippiese lunisolêre siklusse van onderskeidelik 19 en 76 jaar op die agterkant, waar ons nou ook die Saros- en Exeligmos-verduisteringsiklusse vind. Waarskynlik kon plaaslike siviele maankalenders ook onderling verbind word met die leeswerk van die Meganisme, aangesien dit blyk dat hulle nog steeds met die maanfases gesinkroniseer was.

In sy kombinasie van tydhoumetodes is die Antikythera-meganisme 'n tipiese produk van sy tyd. In die Hellenistiese tydperk vind ons, bv., die klein planetarium wat in die Egiptiese kalender opgeneem is in 'n feeskalender uit Egipte, of die Metoniese siklus wat gebruik word as reguleerder vir die Atheense siviele kalender, of sonwyser en waterklok tegnologie gekombineer in die *Toring van die Winde*.

Die omvattende verskeidenheid van tydhoumetodes in die een instrument is belangwekkend, maar miskien is die merkwaardigste metode vir moderne oë die *parapegma* ("sterrekalender")."

"Ná 'n studie van die sterrekundige tekste van Ptolemeus, Theon Paulus en Heliodorus, wat verband hou met die stilstaande punte van die planeetbeweging, kom ons tot die volgende gevolgtrekking: Dit lyk baie waarskynlik dat die Antikythera-meganisme gebou is, afgesien van ander gebruike,

a) vir die waarneming van die Son, die Maan en (ten minste) van Venus (moontlik ander planete ook);

b) om hul lengtegraadse bewegings te modelleer of te simuleer (bv. slegs hul ekliptiese lengtegraad); en

c) In die geval van Venus kan die instrument ook die stilstaande punte van sy pad en die terugwaartse boog tussen hulle vertoon. Die helderheid van Venus en sy voorkoms, óf as oggend of aandster, kan een wees, maar nie die enigste rede vir hierdie keuse nie ".

"... die tekens in beide die argeologiese rekord en die historiese bronne wat daarop dui dat die meganisme nie 'n geïsoleerde ontwikkeling is nie, maar aanduidend is van die breër tegnologiese konteks. Alhoewel die bewyse skaars is, is daar aanduidings dat daar dalk masjiene gewees het met ratte gemaak van brons. Voorbeelde hiervan is Heron se dioptra, die barulkos, en die hodometer (wat keiser Commodus na bewering op een van sy waens gehad het). Masjiene van 'n sterrekundige aard word verskeie kere in die literêre bronne genoem - die beroemdste Archimedes se klein planetarium (Cicero, Republiek 14.21; Ovid, Fasti 269-80); en dit blyk dat "sfeermaker" 'n lewensvatbare beroep was in die latere Romeinse Ryk ...

Die bewyse dui daarop dat die Antikythera-meganisme nie 'n eenmalige verskynsel was nie ... "

Gevolgtrekking:

Die mensdom gebruik die hemelliggame om tyd te hou - net soos God bedoel het toe Hy hulle geskape het!

AMRP (The Antikythera Mechanism Research Project), *Decoding the Antikythera Mechanism: Science and Technology in Ancient Greece* (Athene, MIET - Kulturele Stigting van die Nasionale Bank van Griekeland, 2006)

Deel 2: Sterrekunde en godsdiens

Sterrekunde speel 'n belangrike rol in godsdienste. In heidense godsdienste word die hemelliggame aanbid as gode of verbint met gode. Dit word astrolatrie genoem. Hulle word ook gebruik vir waarsêery in astrologie. In Judaïsme en Christendom word hulle gebruik om die datums vir God se bestemde tye ("Bybelse feeste") te bepaal. God het hulle ook vir tekens of "sterboodskappe" geskep (Gen 1:14).

Hemelliggame en heidense godsdienste

God verbied ons om enige hemelliggame te aanbid:

Deu 4:19 dat jy ook jou oë nie na die hemel opslaan, en as jy die son sien en die maan en die sterre, die hele leër van die hemel, jou laat verlei en voor hulle neerbuig en hulle dien nie — dinge wat Jahweh jou God aan al die volke[28] onder die hele hemel uitgedeel het.

Job 31:26-28 as ek die sonlig aangesien het wanneer dit helder skyn en die maan wat so pragtig daarheen gaan, en my hart heimlik verlei is, en ek met my hand hulle 'n kus toegewerp het — ook dit sou 'n strafbare misdaad wees, want ek sou God daarbo verloën het.

Een van die mees bose konings van Juda was Manasse, wat astrolatrie beoefen het (2 Kon 21).

Josia was 'n regverdige koning. Hy het die heidense altare vernietig en ontslae geraak van die afgodiese priesters wat astrolatrie beoefen het:

2 Kon 23:5 En hy het die afgodspriesters uitgeroei wat deur die konings van Judah aangestel was om op die hoogtes in die stede van Judah en in die omgewing van Jerusalem rook te laat opgaan, en ook die wat vir Baäl, vir die son en die maan en die sterrebeelde en die hele leër van die hemel offerrook laat opgaan het.

---

[28] God verduister die gedagtes van mense wat Hom *nie* wil dien nie, en laat hulle die skepping aanbid en nie die Skepper nie (Rom 1).

Die Skild van Dawid: 'n "ster" wat nie 'n ster is nie

Amos 5:26 / Hand 7:43 Ja, julle het die tent van Molog opgeneem, en die ster van julle god Kiun (Remfan[29]), die beelde wat julle gemaak het om hulle te aanbid...

Sommige mense glo dat dié vers verwys na die "Ster van Dawid". Maar die sespuntige "Joodse ster" word eintlik nie 'n ster genoem nie, dit staan bekend as die Skild van Dawid ("Maghen Dawied"). Dit is 'n seksagram[30], wat 'n geometriese vorm is wat gevorm word deur twee gelyksydige driehoeke wat konsentries op mekaar geplaas word.

Die 2 driehoeke van die "maghen Dawied" verteenwoordig die 2 *dalette* in die naam van koning Dawid. Die Hebreeuse letter daal in antieke paleo-Hebreeus is 'n driehoek (Die Griekse hoofletter delta, 'n driehoek, is van dieselfde oorsprong).

Die oudste onbetwiste voorbeeld van 'n seksagram is op 'n seël van die 7de eeu vC. Dit is in Sidon gevind en behoort aan ene Josua ben Asayahu. Dit was ná die regering van Dawid en Salomo, en natuurlik baie eeue ná die uittog.

Die Skild van Dawid is 'n relatief nuwe Joodse simbool. Daar is geen steun in enige vroeë rabbi-literatuur vir die aanspraak dat dit die vorm of embleem op koning Dawid se skild verteenwoordig nie (die simbool is só skaars in die vroeë Joodse letterkunde en kunswerke dat kunshandelaars vervalsing vermoed as hulle die simbool in vroeë werke vind). Theodor Herzl het die Ster van Dawid gekies omdat dit so bekend was, en ook omdat dit destyds geen godsdienstige verbintenis gehad het nie.

In die volgende hoofstukke sal ons sien dat die "ster van Remphan" waarskynlik die 8-puntige ster van Ishtar was.

---

[29] "Remphan" is 'n verkeerde transliterasie vir Chiun, volgens die woordeboeke.

[30] Soms word 'n 6-puntige ster getoon op artefakte, maar dit lyk soos die sterreteken, nie soos 'n seksagram nie. Dit verteenwoordig Nabu, die 3de seun van Mardoek, ou Mesopotamiese gode.

Oorsprong van die Son en Maan gode

Baie heidense gebruike het deel geword van die "Christelike" feeste. Die aanbidding van hemelliggame is die kern van baie, indien nie die meeste heidense godsdienste, veral sonaanbidding.

Die mites wat 'n groot impak op Kersfees en Paasfeesvieringe in die Westerse wêreld gehad het, kan teruggevoer of verminder word tot 5 mites:

1. Nimrod/Mardoek[31],
2. Isis, haar man Osiris en hul seun Horus,
3. Tammus en sy vrou Ishtar,
4. Deus Sol Invictus Mithras en
5. Saturnus die Romeinse god van landbou

Gode in een kultuur is gelykgestel aan soortgelyke gode in ander kulture. Hulle het gewoonlik meer as een naam. Dit kan baie verwarrend wees. As ons die name van gode in blokke plaas, saam met sommige van hul noemname en name van hul eweknieë, dan kan ons maklik die algemene tema van die mites volg.[32]

Sumeriese mite

Mardoek / Nimrod (Jupiter) Hoof Babiloniese songod Ander name: Belus, Bel *Vader van die gode* *Koning van al die lande*	**Zarpaniet** *Maangodin* *Heerser van hemel en aarde* *Moeder van die gode* Ander name: Beltia, Sharpanitum

---

[31] Sien *"Name en verbintenisse van gode"* op bladsy 133.

[32] Voorbeeld: Of jy Tammus en Ishtar, of Dumuzied en Inanna kies, hulle sal jou omtrent dieselfde storie vertel. Om dit eenvoudig te hou, is nie al die name van al die gode van alle kulture ingesluit nie.
Ek is bewus van die moontlike tekortkominge van hierdie diagram. Selfs as sommige name verkeerd is, sal die storie en die impak van die mite dieselfde bly. Ek skryf gewoonlik in die verlede tyd wanneer ek oor geskiedkundige gebeure skryf. Heidense feeste word vandag wêreldwyd deur neo-heidene gevier.

Babiloniese mite

Tammus (Saturnus)	**Ishtar** (Venus)
God van storms, vrugbaarheid en landbou *God van nuwe lewe en die seisoene* *God van herders*	*Koningin van die Hemel* *Godin van vrugbaarheid, godin van oorlog* *Godin van prostitute en seks*
Sum/Bab: Dumuzied, Tammus Sem/Bib: Baal-Hadad, Melqart, Molog/Baal, Tammus Egp: Horus Behedet Grieks: Hadad	Sum/Bab: Inanna, Zarpanit, Aphrodite, Asratum, Sem/Bib: Athirat, Anat, Baalat, Ashertu, Asherah, Ashtoreth Egp: Qetesh, Qudshu, Hathor Qudshu-Astarte-Anat Grieks: Atargatis
Ander name: Bacchus, Attis, Adad, Adonis, Adon, Odin, Wodan, Aion, Dionysus, Herkules, Damu	Ander name: Artemis, Astare, Astarte, Ashtart, Nanna, Cybele

Egiptiese mite

Osiris (Son)	**Isis** (Maan)
Ander name: Sokar, Kronos, Helios Apollo, Sol, Ra, Ptah-Sokar-Osiris, Apis, Bacchus, Dionysus *God of earth and vegetation*	*Koningin van die Hemel* Ander name: Semiramis, Diana, Ceres, Kore, Proserpina, Persephone, Juno
Seth (broer van Osiris): Baal / Bel *God van storms*	*Godin met Tienduisend Name,* *Koningin van die Hemel, Moeder van god*

Horus (Orion)	**Hathor**
Sokar, Harpocrates, Ra-Horakhty "Reincarnation" of Osiris Ander name: Helios, Apollo, Sol/Mithras, Ra, Dionysus, Belenos	*Queen of Heaven* *Mother of deities* *Mother of mothers*

Sum/Bab = Sumeries / Babilonies, Sem/Bib = Semities / Bybels, Egp = Egipties

Romeinse mites

Meestal verbind met wintersonstandfeeste in Desember

Sol	Saturn
Romeinse songod	*Romeinse god van Landbou -*
Sol Indiges, Sol Invictus, Deus Sol Invictus Mithras	Verbind met Tammus en Horus

Nimrod die rebel[33] het dit alles begin. Hy het 'n tempeltoring (ziggoerat) in die stad Babilon gebou[34]. Hy is vergoddelik as die hoof songod van die Babiloniërs. Daar word dikwels na hom verwys met die titel "Bel", wat beteken "heer" of "meester" of "eienaar" (Die Semitiese vorm van "Bel" is "Baal").

Sonaanbiddingsfeeste

Van midwinter tot aan die begin van die somer is verskeie sonaan-biddingsfeeste gehou. Die geboorte of wedergeboorte van die son is gevier, beide by die wintersonstand en by die lentenagewening.

Mense het geglo dat hul songod hulle in die winter verlaat het omdat die dae korter geword het. Hulle het geglo dat hy teruggekeer het of wedergebore is op die wintersonstand (20/21 Desember), want die dae het langer geword.

Ander "wedergeboorte van die son" -feeste was in die lente. Op die lentenageweninge (20/21 Maart) is dag en nag ewe lank, en die dae word dan langer as die nagte.

Die geboorte van sommige gode is op meer as een gebeurtenis gevier. Dit kan verklaar word deur die feit dat gode saamgesmelt het. Daar was ten minste 4 verskillende valkgode wat Horus genoem is. Hulle het saamgesmelt en is geabsorbeer deur Horus Behedet, wat die gewildste was.

---

[33] Die betekenis van sy naam in Hebreeus. Sien "*Name en verbintenisse van gode*" op bladsy 133

[34] Nicole Brisch (2016). 'Mardoek (god)', *Ancient Mesopotamian Gods and Goddesses*, Oracc and the UK Higher Education Academy.
[http://oracc.museum.upenn.edu/amgg/listofdeities/Mardoek/]

Midwinter feeste

11 Desember: Fees van Sol (Romeins)

Vir die Romeine was die Son die songod Sol. Sol het elke dag met sy renwa deur die lug gevlieg, getrek deur 4 perde, van sonop tot sonsondergang. Sy verjaarsdag is gevier met renwa-jaagtogte in die Romeinse sirkusse.

Die "koninklike offerbringer" (rex sacrificulus) van die Romeinse Ryk het op Sol se verjaarsdag 'n ram aan hom geoffer (Dit was slegs gedoen vir die beskermgode van die Romeinse staat).

Daar was vir lank gedink dat Sol Invictus ("Onoorwonne Son") en Sol Indiges[35] verskillende gode was, maar meer onlangse studies het getoon dat die Sol Invictus-kultus net 'n voortsetting van die Sol Indiges-kultus was[36].

Daar was 'n herlewing van Sol-aanbidding in die 1ste eeu nC. Dit het die hoof keiserlike kultus van Rome geword totdat dit in 325 nC deur Rooms-Katolisisme vervang is.

Die Romeinse Mithra en Sol was 2 onderskeibare gode. Romeinse Mithraïsme het eers teen die einde van die 1ste eeu nC in Rome verskyn. Hierdie Mithras was nie dieselfde as die Iraanse een nie, hulle het net 'n naam gedeel en, soos baie ander gode, 'n losse verbintenis met die son[37].

Mettertyd het hierdie 2 gode saamgesmelt as Deus Sol Invictus Mithras. Hulle het sy verjaarsdag na 25 Desember verskuif.[38]

---

[35] 'n Woord wat gebruik word vir plaaslike ("inheemse") gode van Rome.

[36] Hijmans, S. (2010). Temples and Priests of Sol in the City of Rome. Mouseion: *Journal of the Classical Association of Canada*. 10. 381-427. 10.1353/mou.2010.0073. p.2 (PDF)
Aanlyn (11/2018): [https://www.researchgate.net/publication/242330197_Temples_and_Priests_of_Sol_in_the_City_of_Rome]

[37] Bronne: Mithra vs Jesus [http://tektonics.org/copycat/mithra.php] en http://coldcasechristianity.com/2014/is-jesus-simply-a-retelling-of-the-mithras-mythology

[38] Is verander na 25 Desember in 274 nC om saam te val met Kersfees. Sien *Die 25 Desember datum* op bladsy 124.

In 274 nC het die verjaarsdag van Sol / Mithras 'n amptelike Romeinse vakansiedag geword. Die keiser Aurelian het dit doelbewus gedoen om die Christendom te probeer oorneem.

Al die getuienis toon dat die Mithras mite 'n nabootsing van Jesus was. Die bewerings van die ateïste en neo-heidene dat Jesus 'n nabootsing van Mithras was, is nie waar nie - dit was andersom![39]

17-23 Desember: Saturnalia (Romeins[40])

Teen die begin van Desember het die boere hul herfsaanplanting afgehandel. Saturnus is nou vereer met 'n fees om 'n goeie oes te verseker. Blykbaar is sy naam afgelei van die Latynse woord "satus" (verlede deelwoord van die woord "om te saai").

Oorspronklik was dit 'n eendagviering op 17 Desember. Later is dit vir 'n hele week gevier.

Hulle het mekaar geskenke gegee, veral kerse (die brandende kerse het die terugkeer van die son gesimboliseer). Die bome is versier met son- en sterssimbole en ornamente wat gode verteenwoordig.

Diegene wat dit kon bekostig, het 'n speenvark aan Saturnus geoffer. Hulle het gladiatorgevegte in die sirkusse gehad. Aan die einde van die fees is hul lyke gegee as 'n offer aan Saturnus.

Saturnalia was die grootste en wildste party van die jaar, op nasionale skaal gedoen. Slawe is as gelykes behandel en het nie gewerk nie. Mense het kleurvolle klere en "vryheidsmusse"[41] in die openbaar gedra om die vryheid van die seisoen te simboliseer.

Mense het dronk geword, naak in die straat gesing, deelgeneem aan orgies, ensovoorts. Wangedrag is aangemoedig. Hulle het 'n Heer van Wanbestuur aangestel om feesgebeure te organiseer.

---

[39] Bronne: Mithra vs Jesus [http://tektonics.org/copycat/mithra.php] and http://coldcasechristianity.com/2014/is-jesus-simply-a-retelling-of-the-mithras-mythology

[40] Tot 46 vC het die Romeine 'n lunisolêre kalender gehad, dus was hul feesdatums nie elke jaar op dieselfde tyd volgens ons Gregoriaanse sonkalender nie. Hul berekening vir die wintersonstand was ook 'n dag laat, omdat hulle gewag het totdat dit waarneembaar was.

[41] Dit word ook 'n Pilei, Vryman, Frigiese, Mithras en Kersvadermus genoem.

21/22 Desember: Joel (Europees)

Joel[42] verwys na die tyd om die wintersonstand. Een van Odin se vele name was Jólnir (meester van Joel). Dit was die tyd vir die vlieënde Wilde Jag. Die prooi was dikwels 'n wildevark.[43] Odin (Woden) was die leier van die jagpartytjie. Hierdie jag was geassosieer met die verandering van seisoene. Joel was ook 'n fees gewees om die jaarlikse hergeboorte van die Keltiese songod Lugh te vier.

Dit was 'n tyd vir feesviering en vrolikheid. Vars vleis was volop omdat mense baie vee geslag het, sodat hulle nie gedurende die winter gevoed moes word nie. Hulle het baie bier gedrink en aan die gode en hul koning heildronke gemaak.

Kerse was aangesteek[44] en 'n groot *joel-stomp* is gebrand om die terugkeer van die son te vier deur die plek te verlig. In Duitsland is 'n boom aan die brand gesteek en mense het daar rondom gedans.

Druïdes het voëlent (mistel) onder 'n groeiende maan geoes wat aan diere gevoed is om hul vrugbaarheid te waarborg. Hulle het 2 wit bulle as deel van die ritueel geoffer.[45] Voëlent word geassosieer met Frigga, die godin van seks, vrugbaarheid en liefde (dit is hoekom mense onder dit soen).

Die ronde immergroen krans is 'n herinnering dat daar nog steeds lewe is in die donkerte van die winter. Dit word rond gemaak om die Son en die kring van die lewe te simboliseer (Dit kan ook die vroulike geslagsdele simboliseer, soos die blomkrans wat tydens Beltane gebruik word).

---

[42] Sedert die 1960's was daar 'n herlewing van heidense godsdienste, 'n baie duidelike teken van die aanbreek van die Era van Aquarius.

(Wanneer ek in die verlede tyd skryf, dan is dit om geskiedkundige gebeure aan te dui, maar dit is moeilik om die onderskeid te maak. Saturnalia word byvoorbeeld nie vandag eintlik as 'n fees gevier nie, maar baie van sy gebruike is in Joel en "Kersfees" vieringe opgeneem.)

[43] Kersfeesham of varkboud is 'n herdenking van Odin se wildevarkjag en die speenvark wat tydens Saturnalia aan Saturnus geoffer word.

[44] Dis hoekom ons dit "Kersfees" noem, die *fees van die kerse*.

[45] Miskien is daar 'n verband met Mithras wat die wit kosmiese bul doodgemaak het?

23 Desember (wintersonstand): Fees van Sokar[46] (Egipties)

Osiris was getroud met sy suster Isis. Sy vyande het hom in 'n kis toegemaak en doodgemaak. Hulle het die kis in die rivier gegooi. Isis het gaan soek na die kis en dit gevind op 'n plek met die naam Byblus.[47] Uiteindelik het sy dit teruggekry. (Die koning van Byblus het dit gebruik as 'n pilaar vir die dak van sy woning). Toe sy die kis oopmaak en die gesig van Osiris sien, het sy bitterlik geween.

Sy het die kis saam met haar na Egipte teruggeneem. Sy het die kis weggesteek en haar seun (die eerste Horus) gaan besoek in die stad Butosus. Terwyl sy weg was, het sy vyande die kis gevind. Hulle het sy liggaam in 14 stukke gesny en dit verstrooi. Isis het al die stukke behalwe sy penis gevind. Sy het een vir hom geskep en dit "geheilig". Die Egiptenare het 'n fees ingestel ter ere daarvan.[48]

Sy het hom weer aanmekaar gesit. Toe bring sy hom tydelik terug na die lewe met haar liefde en hartseer en 'n paar towerspreuke, net lank genoeg om met hom gemeenskap te hê om swanger te raak. Op die volgende jaar se wintersonstand (waarskynlik die lentenag-ewening in die jaar daarna)[49] is Horus gebore as Harpokrates (Horus die Kind). Sy het beweer dat hy die reïnkarnasie van Osiris was.

---

[46] Hierdie weergawe van die mite van die dood van Osiris en sy "reïnkarnasie" as sy seun Horus is volgens die geskiedkundige Plutarch (c.46 nC tot c.120 nC).

"On Isis and Osiris". Plutarch's Morals: Theosophical Essays, vertaal deur Charles William King, [1908]
[http://www.sacred-texts.com/cla/plu/pte/pte04.htm] p. 11-16

[47] Die koning van Byblus was Melqart (Tammus). Sy koningin was Astarte (Asherah / Ishtar).

[48] Hierdie fees heet "Oprigting van die Djed".
[https://www.ancient.eu/Djed/], [https://ancientegypt.hypermart.net/treeoflife/]

[49] Plutarch (pp. 11-56): Osiris is in die middel van November vermoor. Isis het sy lyk gevind en hy is gemummifiseer. Die fees van sy "opkoms" was op 23 Desember daardie jaar. Toe was daar 'n paar gevegte tussen Horus haar seun en Typhon. Daarna het Isis swanger geword, in die 1ste week van Oktober. Haar kind is voortydig gebore. Dit kon nie die wintersonstand wees nie, dit moes die volgende jaar by die lentenagewening wees.

Isis het haar volgelinge oortuig dat sy deur die mummie van Osiris bevrug is, dat Horus tydens die wintersonstand gebore is, en toe ook by die lentenagewening. Sy moes 'n uiters goeie leuenaar gewees het, of haar volgelinge het haar geglo omdat hulle nie wou doodgemaak word nie.

Twee gebeurtenisse is gevier by Die Fees van Sokar:

- Die opgaan van Osiris en
- Die reïnkarnasie van Osiris / geboorte van "Horus die kind"

Die "opgaan" verwys na Osiris wat as 'n "verhewe gees" opstyg om sy plek in die lug in te neem as koning van die dood. (Hy was nie opgewek nie.)

Ná sy dood het Osiris saamgesmelt in die drie-enige god[50] Ptah-Sokar-Osiris. Die Egiptenare het geglo dat die son in die nag deur die onderwêreld gaan en in die oggend wedergebore word.

Ptah-Sokar-Osiris, koning van die onderwêreld en god van reïnkarnasie, is in die nag as die son gesien. Die son is elke oggend wedergebore as Horus / Sokar. Sokar is 'n gesinkretiseerde vorm van Osiris en Horus. Hy is Osiris, en hy is ook sy seun Horus, wie sy reïnkarnasie is. Osiris is teenwoordig tydens die geboorte van sy seun Horus / Sokar tydens die wintersonstilstand.

'n Reeks rituele en optogte is van 8 tot 26 Desember uitgevoer. Hulle was opvoerings van die gebeure wat tot die dood en opgaan van Osiris gelei het. Een van die gebeure was 'n begrafnis optog met die kis van Osiris. Dit was meer bedoel om mense aan te moedig om van die hede gebruik te maak en dit te geniet[51], as 'n herinnering om vir Osiris te treur.

Mense het hol bokse gemaak in die vorm van die god Osiris, wat met Nyl-modder gevul en met koring beplant is. Die bokse is dan soos mummies toegedraai en in 'n graf geplaas. Dit is 'n "Osiris Bed" genoem. Daar is verwag dat die koring sou uitspruit as 'n simbool van die reïnkarnasie van Osiris. Egiptenare het ook vrugtekoeke in die grafte van geliefdes geplaas om voedsel vir die hiernamaals te verskaf.

Die geboorte van Horus, die seun van Osiris, is op dieselfde dag gevier. 'n Beeld van 'n baba Horus het die nuutgebore son verteenwoordig. Op sy verjaarsdag is dit in 'n krip gelê, en 'n standbeeld van Isis is langsaan geplaas. Dit is uit die heiligdom gebring en aan die mense gewys.

---

[50] "Drie-enige gode" of "drie-eenheid godhede" word in baie godsdienste aangetref.
[51] Môre is hul lewens verby en dan is dit hulle in die kiste.

23 (25?[52]) Desember: Kikellia - Geboorte van Horus (Egipties)

Nog 'n verjaarsdagviering vir Horus. In hierdie midwinter sonstand fees het die maagd Kore aan Aion geboorte gegee. Kore is die gehelliseerde transformasie van Isis. Aion word geïdentifiseer met Dionysus, die Griekse eweknie van Horus en Tammus.

Daar was 'n groot tempel in Alexandrië wat die heiligdom van Kore was. Op die vooraand voor Kikellia het mense die hele nag by haar heiligdom deurgebring. Hulle het gesange gesing vir haar afgodsbeeld met fluitbegeleiding. Die volgende oggend het fakkeldraers in 'n ondergrondse heiligdom afgegaan.

Hulle het opgekom met 'n draagbaar met 'n houtbeeld wat daarop sit. Daar was 'n teken van kruis-goudinlegsels op die beeld. Die beelde is 7 keer om die heiligdom gedra. Die mense het gesange gesing en fluite en tamboeryne gespeel.

Hulle het 'n fees gevier en toe het hulle die beeld in die ondergrondse heiligdom teruggeplaas. Die betekenis van die seremonie was dat die "maagd" Kore (Isis) geboorte gegee het aan Aion (Horus).

Lentenagewening feeste:

21 Maart : Fees van Shamo ("Egiptiese Paasfees")

Horus is gebore as die Ewige Seun[53] op die lentenagewening. Die Fees van Shamo[54]("vernuwing van die lewe"), 'n ou oesfees, is op daardie dag gevier. Dit het die begin van die lente aangedui.

Nie net gewasse nie, maar ook vis is geoes. (Soos die vloedwater van die Nyl gesak het, is vis vasgevang in vlak poele.)

---

[52] Sommige 25 Desember datums val op 23 Desember op ons Gregoriaanse kalender. Sien *Bylae E: Die "Jesus mite" bogstorie* op bladsy 142.

[53] "On Isis and Osiris". Plutarch's Morals: Theosophical Essays, vertaal deur Charles William King, [1908]. p.56

[54] Hoofbronne: https://www.officeholidays.com/countries/egypt/sham_el_nessim.php] en [http://cairoscene.com/ArtsAndCulture/Sham-El-Nessim-s-Roots-in-Ancient-Egypt]

Hulle het gesoute vis[55], blaarslaai en uie geëet en dit ook aan hulle gode geoffer. Mense het uie in hul deuropeninge gehang om bose geeste weg te hou. Of hulle het dit daardie nag onder die kinders se kussings geplaas om die god Sokar (Osiris) op te roep.[56]

Hulle het ook keker-ertjies en eiers geëet. Eiers is gekleur en opgehang in tempels as simbole van wedergeboorte. Mense het hul wense op hierdie eiers geskryf. Hulle het hulle in mandjies gesit wat hulle op bome en dakke van hul huise gehang het. Hulle het gehoop dat hul gode hul wense sal vervul teen sonsopkoms.

Voor dagbreek het mense na die weivelde en tuine[57] of die oewer van die Nyl gegaan om die sonsopkoms te sien. Hulle het kos en blomme saam met hulle geneem en piekniek gehou.

Die naam van die fees het in die Koptiese tydperk[58] verander na "shamm" (ruik en asemhaal) en die woord "nessim" (bries) is bygevoeg.

Dit word nou Sham El-Nissem genoem, wat beteken "inaseming van die briesie". Die fees is ook verskuif vanaf die datum van die lentenagewening tot die Maandag ná die Koptiese Paasfees.[59]

Vandag word Sham El-Nessim buite gevier met 'n piekniek. Mense word aangemoedig om tyd buite te spandeer en die bries te ruik (asem in vars lug). Mense eet vis, groen uie, termis (lupiensaad) en gekookte eiers. (Sommige "briese" ruik waarskynlik beter buite …)

---

[55] Miskien die oorsprong van die "geposjeerde viskoekies" van die Jode? (Dit is 'n tradisionele gereg wat Jode tydens Paasfees eet).

[56] Refai, Mohamed. (2016). Monograph on fungal diseases of fish Part 1. p.43

[57] Die fees was "Tshom Ni Sime" genoem voordat dit "Sham El-Nessim" genoem was ("tshom"beteken "tuine" en "ni sime" beteken "weivelde".)

[58] 3de tot 7de eeu nC

[59] Die Koptiese Paasfees word gevier op die Sondag ná die eerste volmaan ná die lentenagewening.

20/21 Maart: Fees van Ishtar

Jer 7:18 Die kinders maak hout bymekaar, en die vaders steek die vuur aan, en die vroue knie deeg om koeke te maak vir die hemelkoningin, en hulle giet drankoffers uit vir ander gode om My te terg.

Eze 8:14-16 Hy het my toe gebring na die noordelike ingang van die poort by die huis van Jahweh, en kyk, daar het die vroue gesit wat Tammus beween. En hy sê vir my: Het jy dit gesien, mensekind? Jy sal nog ander gruwels, groter as hierdie, sien. Toe bring hy my na die binneste voorhof van die huis van Jahweh; en kyk, by die ingang van die Tempel van Jahweh, tussen die voorportaal en die altaar, was omtrent vyf en twintig man, met hulle rug na die tempel van Jahweh en hulle gesig na die ooste, en hulle het die opkomende son aanbid.

Die Fees van Ishtar is die viering van die terugkeer van Ishtar en die dood van haar man Tammus[60].

Ishtar[61] het haar suster Ereshkigal, die koningin van die onderwêreld, gaan besoek. Ishtar het dit gewaag om op haar troon te gaan sit. Die Anunnaki[62] het haar dadelik gevonnis en haar in 'n lyk verander. Omdat sy die vrugbaarheidsgodin was, het alle seksuele omgang opgehou en hongersnood veroorsaak.

Ereshkigal is oorreed om Ishtar te laat gaan, maar sy het dit slegs toegelaat op voorwaarde dat sy 'n plaasvervangende gees vind om haar plek in die onderwêreld te neem. Ishtar kon geen wese vind wat nie gerou het oor haar afsterwe nie, totdat sy by die huis gekom het. Sy het haar man Tammus op die troon sien sit. Hy was nie in rou nie.

---

[60] Hierdie weergawe is die mees algemene en word ondersteun deur geskiedkundige rekords.
Aanlyn (11/2018): [http://www.newworldencyclopedia.org/entry/Tammus]

[61] Mense het geglo dat 'n enorme eier uit die hemel geval het en dat Ishtar wonderbaarlik daaruit uitgebroei het. Sy word Ashtoreth of Asherah genoem in die Bybel ("Astarte" in die LXX).

[62] 7 Regters voor die troon van Ereshkigal, die koningin van die onderwêreld. Party mense glo dat hulle die gevalle engele of die geeste van hul baster nageslag die Nephilim is (Gen 6:1-4, Num 13:33, 2 Pet 2:4).

Ishtar was woedend en het hom oorgegee aan die demone wat haar begelei het. Mettertyd het Ishtar afgekoel en haar bevel versag. Sy het haar man Tammus vir 'n gedeelte van die jaar laat herleef. Dit was moontlik omdat sy suster ingestem het om sy plek in die onderwêreld te neem wanneer hy onder die lewendes is.

Tammus sterf elke lentenagewening. Mense rou dan oor sy dood. Maar as gevolg van sy dood kan Ishtar, die godin van vrugbaarheid, heers, wat die lente en nuwe lewe veroorsaak.

Tammus was die god van landbou wat die seisoene gereguleer het. Hy het die jaarlikse siklus van plantegroei gesimboliseer.

'n Baal offertafel is gevind op 'n argeologiese terrein in Hazor, Israel. Dit word soos volg beskryf: "'n Basalt offertafel, pilaarvormig, met 'n gesnede simbool van die stormgod Baal aan die sykant. Die simbool was 'n sirkel met 'n kruis in die middel"[63].

Die gelyksydige kruis binne 'n sirkel word 'n sonkruis genoem.[64] Die kruise kom ook voor op die klein ronde Ishtar-bolletjies ("paas-bolletjies").

---

[63] University of Illinois, Religious Studies, Hazor.
Aanlyn (11/2018) van die gestoorde bladsy [http://web.archive.org/web/20040812103831/http://www.relst.uiuc.edu/Courses/106/LBpages/page15.html]

[64] Dit is waarskynlik die oudste godsdienstige simbool ter wêreld. Dit verteenwoordig die volgende: Die songod en die 4 seisoene. Die 2 sonstilstande en die 2 nageweninge. Die 4 fases van die maan. Sommige hekse dra dit in plaas van die pentagram.

Fees van Ishtar feesviering

Die Fees van Ishtar was 'n lunisolêre fees: sy datum is bepaal deur die lentenagewening en die nuwe maan.

Mense het ronde koekies gemaak vir die Koningin van die Hemel om tydens die fees te eet. Die oorsprong van "paasrolletjies" gaan terug na ongeveer 1500 jaar vC. Antieke kulture het klein ronde bolletjies aan hul godinne op hul lentefeeste geoffer. Dit was op die eerste dag van die volmaan ná die lentenagewening. Die klein ronde bolletjies het die son voorgestel.

Met die sonsopkoms op Paassondag het hulle die terugkeer van Ishtar gevier. Hulle het die dood van Tammuz betreur[65] en ronde rosynkoeke gebak vir sy vrou Ishtar, die Koningin van die Hemel.

Nog 'n paasgodin was Ostara (Eostre). Sy word uitgebeeld met 'n haaskop of met haas-ore. Haar gade was die songod. Ostara was die Germaanse godin van die dageraad. Volgens mite het sy 'n voël verander in 'n haas wat eiers lê[66].

Hase simboliseer vrugbaarheid en seks. Die moderne weergawe is konyne. Hugh Hefner het die konyn gekies as handelsmerk vir sy sekstydskrif Playboy omdat dit 'n seksuele betekenis het.

Die "paaseier" is 'n heidense vrugbaarheidsimbool. Die oorsprong van die gekleurde eiers is die Fees van Shamo, wat 'n fees is wat die geboorte van Horus as die Ewige Seun vier. Die soeke na die eiers kom waarskynlik uit die Fees van Sokar, waar mense 'n voorstelling van die soeke na die liggaam van Osiris gedoen het.

---

[65] Daar is 'n ou Mesopotamiese klei-tablet in die Louvre-museum in Parys wat dateer uit die Amorietiese tydperk (2000-1600 vC). Dit bevat 'n klaaglied oor die dood van Dumuzid (Tammus).

[66] Die verbintenis van die heidense lenteviering met eiers is dus gebaseer op ten minste 3 mites: Met die Egiptiese Fees van Shamo is eiers geverf en gebruik vir vrugbaarheidsrituele en geluk, Ishtar wat uit 'n eier uitgebroei het en die eierlêende haas van Ostara.

Dit is waar dat babas aan Tammus/Adad/Molog geoffer is, maar ek kon geen bewyse vind vir die aanspraak dat dit deel was van die Fees van Ishtar-vieringe nie. Ek kon ook nie enige rekords vind wat daarop dui dat eiers in hul bloed gedoop en tydens Paasfees weggesteek is nie.

Ooreenkomste tussen die winter- en lentefeeste

1. Die Fees van Kikelia herinner ons aan die Ishtar-fees in die lente: Aion word verbind met die 4 seisoene van die jaar en winter en somer, net soos Tammus. Beelde van Kore het kruise op hulle, wat die simbool van Tammus is. Sy opstanding word by die lentefees gevier.

2. Osiris was die Son en Isis die Maan, en hulle het die Maan die moeder van Saturnus genoem. Dit verbind Saturnalia nie net met Saturnus nie, maar ook met Horus. Saturnus kan ook gekoppel word aan die Fees van Ishtar, want hy was 'n Romeinse God van landbou, net soos die Babiloniese Tammus.

3. Horus word gebore by die wintersonstand as Horus die Kind (Harpokrates). Hy word gebore by die lentenagewening as die volwasse Horus, die Ewige Seun[67].

4. Isis (die hoofgodin van die wintersonstandfeeste) het na Byblos gegaan om die lyk van Osiris terug te kry. Sy het Astarte vir die liggaam gevra. Astarte word ook Asherah en Ishtar genoem, die hoofgodin van die lentefees.

5. By die wintersonstand het naasbestaandes van oorledenes uie aan die gode geoffer. Die ui het die oorledene beskerm en dit was 'n instrument van 'n "sonwedergeboorte". Hulle het uie voor die neus van die oorledene gehou om hom toe te laat om die nuwe asem van die lewe te bekom. By die Egiptiese lentefees Sham El-Nissem ("inaseming van die briesie") ruik mense aan die uie.

6. Die wintersonstandfeeste is vir die dae wat ná die kortste dag langer begin raak. Die lentenageweningfeeste is vir die dae wat langer raak as die nag nadat hulle ewe lank was.

7. Tydens die Romeinse winter- en lentefeeste het mense dronk geword en het hulle wilde partytjies en orgies gehou.

8. Offers is gemaak aan vrugbaarheids- en songode.

---

[67] Ons kan waarskynlik die analogie gebruik dat die baba se kop sigbaar word op die wintersonstilstand, met die finale aflewering op die lentenagewening. (Die arme ma ...)

Die ster van Remfan

In die Egiptiese mitologie verteenwoordig die 5-punt ster die ster Sirius, die helder ster van Isis. In Egipte het die nuwe jaar begin by die heliakale opkoms van Sirius. In antieke tye het dit vroeg in Julie ná die sonstand plaasgevind. Dit het die oorstroming van die Nylrivier aangekondig. (Die Egiptenare het geglo dat die Nyl elke jaar oorstroom omdat Isis huil oor Osiris, haar oorlede man.) Later is dit ook die hondster genoem (dit verteenwoordig die hond van Orion. Hy was 'n herder / jagter / kryger).

Sirius word gewoonlik op die hoof van Isis gewys. Isis was verteenwoordig deur die 8-puntige ster. Dit verteenwoordig ook Ishtar (of Inanna), die Koningin van die Hemel (Stellar Maris), die Maltese Kruis, die Chaos Ster (Vrymesselaars) en die Wiccan Wiel van die Jaar wat deur Druïdes gebruik word.

Ongeveer 19 jaar gelede het argeoloë die Al-Hamra-kubus gevind by Tema, 'n ou stad in Saoedi-Arabië. Die stad is gestig deur Tema, 'n seun van Ismael, 'n seun van Abraham (Gen 25:15, 1 Chr 1:30).

Tema[68] was 'n baie belangrike stopplek vir karavane op reis tussen Egipte en Mesopotamië, en na en van Suid-Arabië, omdat dit op 'n oase geleë is in een van die droogste plekke op aarde.

Die profeet Jesaja het waarskynlik verwys na Bir Hadaj, die grootste en moontlik die oudste vloeiende fontein in Saoedi-Arabië, wat in die middel van Tema sit:

> *Jes 21:13-14 Godspraak teen Arabië. In die bos in Arabië moet julle vernag, karavane van die Dedaniete! Bring vir die dorstige water tegemoet! Die inwoners van die land Tema, bring kos vir die vlugtelinge!*

Die Israeliete is afstammelinge van 'n ander seun van Abraham, Isak. As die Israeliete 'n goue kalf gemaak het, lyk dit logies dat die ster van Remfan die 8-puntige een kan wees wat Isis of Ishtar verteenwoordig (wat hulle ook aanbid het, Jeremia hoofstuk 44).

---

[68] Google Maps skakel: [https://goo.gl/maps/RTiEsCrwzwG2]

André-Salvini beskryf die Al-Hamra-kubus soos volg:

'n "volkome Babiloniese" priester wat voor 'n altaar staan vir die Egiptiese bulgod Apis, teen 'n agtergrond van gevleuelde embleme en 'n agt-puntige ster wat waarskynlik afkomstig is van die Anatoliese beskawing.

"Ten spyte van die leen van beelde van ander kulture, is die kuns heeltemal uniek," verduidelik sy. "Dit het 'n identiteit van Arabiese oorsprong wat nie Mesopotamies of Egipties of Siries is nie."[69]

Links[70]: Gedenksteen toegewy aan Isis en die Apis-bul. Isis word agter Apis getoon. Die bul verteenwoordig haar man Osiris.

---

[69] Richard Covington (2011) "Roads of Arabia" (bladsye 24-35 van die Maart/April 2011 gedrukte uitgawe van *Saudi Aramco World*).
Aanlyn (10/2018) [http://archive.aramcoworld.com/issue/201102/roads.of.arabia.htm]

[70] Beeld: WC: Louvre_stele_portier_temple_Horoudja.JPG

Obelisks en bome, pilare en pale

*Lev 26:1 Julle mag vir julle geen afgode of gesnede beelde maak nie, **of 'n klippilaar vir julle oprig nie**, julle mag ook geen **gegraveerde steen** in julle land oprig om julle daarby neer te buig nie; want Ek is Jahweh julle God.*

Oprigting van die Djed-pilaar[71]

Elke jaar, 'n paar dae ná die Fees van Sokar, het die Egiptenare 'n fees gehou genaamd "Oprigting van die Djed". Dit was ter ere van die fallus wat Isis vir Osiris geskep het..

Die Egiptenare het groot obelisks uit klip gekap. Blykbaar is obelisks baie groot Djed-pilare[72]. Volgens sekere navorsers beteken die woord 'obelisk' letterlik 'Baal se skag' of 'Baal se orgaan van voortplanting'.

'n Soortgelyke ereksie, ek bedoel "paal oprigting" gebeurtenis, is seker die Maypaal dans van die Beltane fees. Beltane beteken "vuur van Bel". Bel[73] is die Keltiese songod, die man van die moedergodin.

Die Maypaal is 'n falliese vrugbaarheidsimbool. Die blommekrans aan die bokant verteenwoordig die vrugbaarheidsgodin en haar geslags-dele. Sy oorsprong was 'n "heilige boom", die "Boom van die Lewe".

---

[71] WC: Jon Bodsworth - Egypt Archive. (Beeld deur outeur gesny)

[72] Baie kerke het spitstorings, wat aangepaste obelisks is. (Sommige het selfs obelisks!). Hulle is 'n gruwel vir God.

[73] Dit kan Nimrod wees, wat ook Bel genoem was.

Die "asheriem" en die "Boom van die Lewe"

Gode is aanbid in die vorm van houtpale (soms gekerf), heilige bome, gesnede boomstamme, gesnede houtprente en gegraveerde klipbeelde.[74] Die Hebreeuse woorde om hulle te beskryf word gewoonlik as "beelde" en "heilige boomstamme" vertaal[75]. Dit kan nuttig wees as ons so bietjie uitbrei op die bewoording van die volgende verse, in konteks van wat ons van Asherah en die konteks van die verse weet:

Deu 7: 5 Maar so sal jy met hulle handel: jy moet hulle altare verwoes en hulle (klip)pilare / kolomme afbreek, en hulle bome en (gesnede) pale (vir Ashera) afkap, en hulle gesnede beelde verbrand met vuur.

Deu 12: 3 En jy moet hulle altare omverwerp, en hulle (klip)pilare / kolomme stukkend breek, en hulle bome en (gesnede) pale (vir Ashera) verbrand; en jy sal die gesnede (hout)beelde van hulle gode afkap, en hulle name van daardie plek laat verdwyn.

2 Kro 34: 4 En hulle het die altare van die Baäls voor sy aangesig afgebreek. Die (hout) sonpilare / beelde wat hoog bo die altare geplaas was, het hy afgekap. Die staande klipkolomme / beelde van Ashera en die gegraveerde (klip)beelde en die gegote beelde het hy in stukke gebreek en stof van hulle gemaak, en dit op die grafte van die wat aan hulle geoffer het, gestrooi.

1 Kon 14:23 Want hulle het ook hulle hoogtes gebou , en (klip)pilare/ kolomme en (staande steen)kolomme/beelde van Ashera, op elke hoë heuwel, en onder elke groen boom.

Die pale en pilare en bome het gewoonlik fallusse voorgestel, maar dikwels het hulle godinne voorgestel (veral vir Asherah / Ishtar).

---

[74] John Day (1986). "Asherah in the Hebrew Bible and Northwest Semitic Literature". *Journal of Biblical Literature*, Vol. 105, No. 3 (Sep., 1986)

[75] Verskillende Hebreeuse woorde vir afgodsbeelde:

H2553 - Chamman: sonpilaar, son afbeelding
H4541 - Massekah: gegote beeld
H4676 - Matstsaybah: pilaar, kolom, obelisk, boomstomp
H6456 - Pesil: gekerfde / gesnede / gegraveerde beeld

Hathor die Egiptiese boomgodin[76]

Ishtar word dikwels uit-gebeeld met die "Boom van die Lewe".

Sy was gelykgestel met Hathor, wat 'n boomgodin ook was (die gade van Horus).

Die Israeliete het seks gehad onder "heilige" bome:

Jes 57:5 Julle dien afgode met julle wellus onder elke groen boom. Julle slag die kinders in die dale, onderkant die rotsklowe.

Jer 2:20b op elke hoë heuwel en onder elke groen boom het jy gaan lê en hoereer.

Jer 3:6 Israel ... het op elke hoë berg en tot onder elke groen boom gegaan en daar gehoereer.

Sommige van die sinkretistiese heidene het Asherah as Yahweh se gade beskou[77]. Maar God het dit baie duidelik gemaak dat sy nie sy gade is nie. Daar is net een Bruid vir Hom: diegene wat in Verbond met hom is

Deu 16:21-22 Jy mag vir jou nie 'n boom plant wat Asherah voorstel langs die altaar van Jahweh jou God, wat jy vir jou sal maak nie. Ook mag jy vir jou geen klippilaar/kolom, wat Jahweh jou God haat, oprig nie.

---

[76] Creative Commons oorspronklike: Asaf Braverman (beeld is gesny) [https://creativecommons.org/licenses/by-nc-sa/2.0/]

[77] John Day (1986). "Asherah in the Hebrew Bible and Northwest Semitic Literature". *Journal of Biblical Literature*, Vol. 105, No. 3 (Sep., 1986), p. 392-393

Christelike of heidense vieringe: U keuse

2 Kon 17:15 En hulle het sy insettinge en sy Verbond verwerp ... en agter die nasies aan gegaan wat rondom hulle was, van wie Jahweh hulle beveel het om <u>nie soos hulle te maak nie</u>.

Jer 10:2a So sê Jahweh: Moenie heidense gebruike aanleer nie

1 Kor 10:14 Daarom, my geliefdes, vlug vir die afgodediens.

Christelike Kersfees	Heidense sonstand vieringe
Voorstel: Lamsvleis Jesus was die Lam van God	Varkvleis: Odin se jag, speenvark geoffer aan Saturnus
Wyse manne bring geskenke	Kersvader bring geskenke
Kriptoneel	Boom en kranse
Sing van Jesus se geboorte	Sing Joelliedjies
Kyk na Christelike films, lees die storie van Jesus se geboorte	Kyk na Joel films

Pasga	Heidense Lentenagewening
Eet ongesuurde brood en bitter kruie tot Jesus gedagtenis.	Herdenk Ostara met sjokoladehasies en Ishtar en Tammus met "paasbolletjies"
Vier op 14 Awiev / Nissan soos voorgeskryf in die Bybel	Vier eerste Sondag ná volmaan ná lentenagewening
Vier die Fees van die Eersteling-gerf [78] volgens die Bybel (waai 'n gerf voor die HERE)	Vier Ishtar-Sondag met sons-opkoms (Jesus het opgestaan vóór sonsopkoms)
Soek vir die Afikomen[79]	Soek na haaseiers

---

[78] Jesus het opgestaan op die Fees van die Eerstelinggerf. Hy was die eersteling wat uit die dood opgestaan het (Lev 23:11, Joh 12:24, 1 Kor 15:20-23).

[79] Dit beteken "Die Een wat kom". Dit was 'n spesifieke stuk brood wat Jesus by die Laaste Avondmaal gebruik het vir die Nagmaal. (Laai 'n gratis Messiaanse Pasga feesgids af by [https://www.moadim.org.za/pasgaviering].)

Die hemelliggame geskep vir tekens en seisoene en tye

Gen 1:14 En God (Elohiem) het gesê: Laat daar ligte wees aan die uitspansel van die hemel, om skeiding te maak tussen die dag en die nag; en laat hulle dien as tekens sowel vir bestemde tye, asook vir dae sowel as jare.

Gen 1:16 God (Elohiem) het toe die twee groot ligte gemaak: die groot lig om te heers oor die dag en die klein lig om te heers oor die nag; ook die sterre[80].

Psa 104:19 Hy het die maan gemaak vir die bestemde tye; die son ken sy tyd om onder te gaan.

In die Pseudo-Jonathan Targum ('n antieke Aramese parafrase) sê dit:

God het gesê: "Laat daar ligte wees in die uitspansel van die hemel om die dag van die nag af te skei, en laat hulle dien as tekens en as feestye, en om die berekening van dae te tel, en om te heilig die begin van maande en die begin van jare, die byvoeging van maande in skrikkeljare, die sonstilstandpunte, die nuwemaan en die siklusse (van die son)."[81]

God het alles van die begin af beplan. Toe God die hemelliggame geskep het, het Hy hulle in wentelbane geplaas. Hy weet wanneer en waar daar konjunksies gaan plaasvind.

God het ook die mense beïnvloed wat aan die sterre en planete en konstellasies name gegee het. Hulle het daaraan sekere simboliese en betekenisse gekoppel wat verband hou met hul voorkoms en gedrag. Sonder dit sou hulle nie boodskappe vir ons kon hê nie.

1Kor 15:41 Anders is die heerlikheid van die son en anders die heerlikheid van die maan en anders die heerlikheid van die sterre; want die een ster verskil in heerlikheid van die ander ster.

---

[80] Alle hemelliggame, behalwe die son en maan, is in antieke tye sterre genoem.

[81] Michael Maher (1992), *Targum Pseudo-Jonathan Genesis: Translated, with Introduction and Notes* (The Aramaic Bible 1B; Collegeville: Liturgical Press)

Die profete het dieselfde name gebruik wat die sterrekundiges en astroloë steeds gebruik. God noem ook die sterre en konstellasies by die name wat deur mense gegee is[82]:

Amos 5:8 Hy wat die Sewe-ster en die Orion gemaak het ... Jahweh is sy Naam!

Job 9:9 wat die Beer gemaak het, die Orion en die Sewe-ster en die Kamers van die Suide.

God sê dat Hy die een is wat die sterrekonstellasies in hulle tye voortbring. Bybelse sterrekundige tekens word gewoonlik na verwys as die Mazzaroth (die Hebreeuse woord vir die konstellasies van die diereriem).

Hul name en simboliek het die geleerde sterrekykers in staat gestel om die tekens korrek te vertolk by die geboorte van Jesus. Vir duisende jare was daar ook nie iets soortgelyks voor of ná die geboorte van Jesus Christus nie.

Psa 19:1 Die hemele vertel die eer van God, en die uitspansel verkondig die werk van sy hande.

Psa 148:3 Loof Hom, son en maan, loof Hom, alle ligtende sterre!

Toe God aan Moses gesê het om die Israeliete uit Egipte op 'n sekere voorafbepaalde datum op 'n spesifieke maand uit Egipte uit te lei, was daar 'n rede voor: sedertdien was daardie maand die eerste maand van hul jaar, en Pasga sou altyd op die volle maan in die middel van daardie maand wees.

Dieselfde met die geboortedatum van Jesus. Dit moes op 'n spesifieke datum gebeur, anders sou daar geen sterre boodskap in die hemel wees nie. God het die presiese datum bepaal. Die hemelliggame bepaal niks nie, hulle is net tekens om ons in te lig wat gebeur.

---

[82] Op soortgelyke wyse het Adam die diere name gegee (Gen 2).

Venus en Jupiter konjunksie: Die "Ster van Betlehem"

Venus en Jupiter was twee van die belangrikste hemelliggame. Uit die argeologie weet ons dat die Babiloniërs nie net hul posisies en paaie waargeneem het nie, maar ook vooraf bereken het.

Die Venus-tablet (tablet 63) is deel van die Enuma Anu Enlil-reeks tablette.

Hulle is geskep uit inligting en waarnemings wat oor eeue heen gedoen is.

Hulle was gebruik om sterrekundige gebeure te bereken, wat gebruik was vir astrologiese voorspellings.

Beeld: WC (gesny)

Hulle het dit uitgewerk hoe om die area van 'n trapesoïde te bereken (ook 'n trapesium genoem, 'n wiskundige vorm in meetkunde). Hulle het dit gebruik om 'n tegniek te ontwikkel om die afstand wat Jupiter gereis het, te bereken. ('n Soortgelyke tegniek is eers in die 14de eeu nC herontdek!).

Die Babiloniërs[83] het die *"abstrakte wiskundige, geometriese idees ontwikkel oor die verband tussen beweging, posisie en tyd, wat so algemeen is vir enige moderne fisikus of wiskundige."*

Baie nabye sigbare konjunksies tussen Jupiter en Venus (gesien as "een ster")[84] in twee agteropeenvolgende jare het net drie keer die afgelope 3000 jaar gebeur. En die enigste keer dat een daarvan 'n okkultasie was, was in die jaar toe Jesus gebore is.

Hierdie naby konjunksie van Venus en Jupiter word deur baie sterrekundiges die **Ster van Betlehem** genoem, en met goeie rede!

---

[83] Mathieu Ossendrijver (2016): *"Ancient Babylonian astronomers calculated Jupiter's position from the area under a time-velocity graph"*, Science 351 (Januarie 29, 2016), 482-484.
[84] Die geleerde astroloë het dit "dieselfde ster" genoem toe hulle dit die tweede keer gesien het (toe hulle Jesus in Betlehem gaan besoek het).

3 - 2 vC: Die mees verbasende reeks konjunksies ooit

Daar was 'n ongelooflike reeks konjunksies wat in 3 tot 2 vC plaasgevind het, wat nog nooit in die 2000 jaar vóór of ná daardie tyd gebeur het nie. Dit is só skouspelagtig (in 'n sterrekundige sin) dat baie planetariums hul Kersfeesprogramme hersien het om ooreen te stem met dateringsteorieë en data van erkende vooraanstaande gesaghebbendes, soos dr. Ernest Martin. Sy boek, "The Star that Astonished the World," word beskou as die gesaghebbende werk omtrent die datum van Jesus se geboorte, gebaseer op sterrekundige gebeure. Al hoe meer mense heroorweeg die geboortedatum van Jesus, en hulle verwerp die 4 vC datum.

In hul artikel "A Dazzling Duo" beskryf NASA die konjunksie van 2 vC as 'n "skitterende ligpunt" wat geskiedenis gemaak het.[85] Daar was nog nooit 2000 jaar vroeër of sedertdien 'n helderder en nouer konjunksie tussen Venus en Jupiter nie. Hulle was só naby (net 6 boogsekondes in sterrekundige terminologie) dat hulle voorgekom het soos 'n enkele, baie helder ster.

Volgens Susan Carroll was 3-2 vC "een van die merkwaardigste tyd-perke in terme van gebeure in die hemelruim in die laaste 3000 jaar".[86]

Michael Magee, direkteur van UA se Flaudrau Planetarium, sê die volgende: "Daar is Chinese geskrifte. Daar is Arabiese geskrifte van die dag wat almal bydra tot die geskiedenis van wat aangegaan het en navorsers het baie materiaal om deur te gaan om dit alles te bevestig... Inderwaarheid verwys antieke rekords na 'n helder ster in die ooste in Augustus van 3 vC."[87]

Robert McIvor het drie dekades lank hierdie onderwerp bestudeer. Hy haal ou Chinese en Koreaanse sterrekords, skilderye in Romeinse katakombes en munte uit verskillende lande aan wat verwys na 'n ongewone nuwe ster gedurende die tyd van Jesus se geboorte.[88]

---

[85] [https://science.nasa.gov/science-news/science-at-nasa/2002/24may_duo/]

[86] S. Carroll (1997). The Star of Bethlehem: An Astronomical and Historical Perspective

[87] Bron: KGUN9-TV, Desember 2016: Astronomers' theory of the Star of Bethlehem [http://www.kgun9.com/news/local-news/astronomers-theory-of-the-star-of-bethlehem]

[88] Robert McIvor (1998). Star of Bethlehem Star of Messiah. (Overland Press)

Die twee helder sterre wat die geboorte van Jesus aangekondig het

Daar is 'n regsbeginsel in die Bybel dat daar ten minste twee getuies moet wees om 'n saak te vestig:

Deu 19:15b op die verklaring van twee getuies of op die verklaring van drie getuies sal 'n saak van krag wees.

2 Kor 13:1b In die mond van twee of drie getuies sal elke woord vasstaan.

Uit 'n sterrekundige perspektief kan die volgende vers ook na sterre verwys:

Rev 22:16 Ek, Jeshua, het my boodskapper gestuur om hierdie dinge aan julle voor die gemeentes te betuig. Ek is die wortel en die geslag (Tsemech) van Dawid, die blink môrester (konjunksie van Venus en Jupiter).

Die Ster van Betlehem: Die Regverdige Blink Môrester

Venus word die blink môrester genoem.[89] Dit is 'n baie helder ster (dit kan soms selfs gedurende die dag gesien word!).

In Jes 14:12 verwys die profeet Jesaja na koning Nebukadnésar van Babilon as "heylel ben shachar", die *blink of skynende[90] seun van die dageraad.* Hy vergelyk sy komende ondergang met die ster Venus wat uit die lug val.

Die ster van Betlehem is die konjunksie van Venus en Jupiter. Die Hebreeuse naam vir Jupiter is Tzadiek en dit beteken "Regverdig".

So wanneer jy Venus en Jupiter saam sien asof hulle een is (soos in 3 vC en 2 vC), naby die ster Regulus (die Koningster) in die konstellasie Leo (Leeu van Juda), dan kan dit in Hebreeus die betekenis hê van **Die Regverdige Blink Môrester.**

---

[89] Planete en baie naby konjunksies is sterre genoem in antieke tye.

[90] In sommige Bybels word dit vertaal as Lucifer, maar nêrens in die Skrif word Satan Lucifer genoem nie.

Die Ster van die Messias: Die Tak in die hand van die Maagd

Tsemech is een van die helderste sterre (die 16de helderste ster in die hele lugruim). Hindoe-waarnemers noem dit Citrā, wat "helder" beteken. Sy antieke Hebreeuse naam is Tsemech.

"Die helderste ster in Virgo het 'n antieke naam wat aan ons oorgelewer word in al die sterrekaarte, waarin die Hebreeuse woord (חמצ) **Tsemech** behoue bly. Dit word in Arabies *Al Zimach* genoem, wat "die tak" beteken. Hierdie ster is die koringgerf wat sy in haar linkerhand hou. Vandaar die ster se moderne Latynse naam Spica, wat "koringgerf" beteken. Dit het amper die antieke naam vervang.

Maar dit verberg die groot waarheid wat deur sy naam *Al Zimach* geopenbaar word. Dit het die koms voorspel van hom wat hierdie naam moet dra. Dieselfde Goddelike inspirasie het dit in die geskrewe Woord vier keer met hom verbind. Daar is twintig Hebreeuse woorde wat vertaal word "Tak", maar slegs een van hulle (Tsemech) word uitsluitlik van die Messias gebruik en hierdie woord slegs vier keer."[91]

> *Jer 23:5 Kyk, daar kom dae, spreek Jahweh, dat Ek vir Dawid 'n* **Regverdige Spruit** *sal verwek, en as Koning sal hy regeer en verstandig handel en reg en geregtigheid doen in die land.*

> *Jer 33:15 In dié dae en in dié tyd sal Ek vir Dawid* **Die Spruit van Geregtigheid** *laat uitspruit, en hy sal reg en geregtigheid doen in die land.*

> *Sag 3:8 Luister tog, o Josua, jy wat die hoëpriester is, jy en jou vriende wat voor jou sit—ja, wondertekens is hulle. Want kyk, Ek sal my Kneg,* **Die Spruit***, laat kom!*

> *Sag 6:12 en sê vir hom dit: So spreek Jahweh van die leërskare: Kyk, daar kom 'n Man wie se Naam is* **Spruit***, en hy sal uit sy plek uitspruit, en hy sal die Tempel van Jahweh bou..*

---

[91] E.W. Bullinger (1893). *The Witness of the Stars*
(Kregel Publications, 2000, pp.31-21. Herdruk van die 1893 uitgawe)

Die belangrikheid van die Lentenagewening en Tsemech

Die Bybelse jaar begin met die nuwe maan ná die lentenagewening. Die Wyses baseer hul uitspraak dat Pesag altyd in die lente moet wees, m.a.w. ná die lentenagewening, op die volgende skrifvers:

Deu 16:1 Onderhou die maand Awiev, en hou die pasga vir Jahweh jou God; want in die maand Awiev het Jahweh jou God jou in die nag uit Egipte uitgelei.

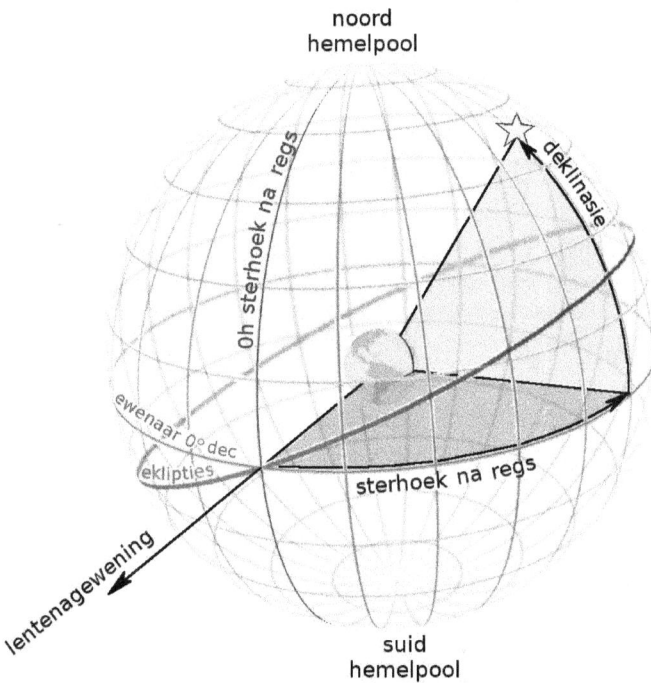

WC (gewysig): Sterhoek na regs en deklinasie op ruimtelike sfeer. Die Lentenagewening is die verwysingspunt om sterre se posisie in sterrekunde aan te dui.

Volgens die Dooie See-rolle het die Essene hul kalender op of ná die lentenagewening begin (gewoonlik binne 'n week).

Philo, die Joodse geskiedkundige en tydgenoot van Jesus en sy dissipels, het geskryf dat Moses die maan van die lentenagewening gevestig het as die begin van die eerste maand van die jaar[92].

---

[92] *The Works of Philo*, On the Life of Moses II, hoofstuk XLI, Prt 222 & 224

Tsemech, die lente-ster van die gars oes

Tsemech word geassosieer met die saai en oes van gars. Gars was die eerste graan wat gesaai is ná die heliakale sakking van Tsemech op 31 Augustus, gewoonlik ná die eerste reën. Tsemech het ook die begin van die lente en die oestyd vir die gars aangekondig. Sy Latynse naam Spica kom van die Latynse *Spica Virginius*, wat beteken "Maagd se gerf van graan".

Die maagd van die Virgo-konstellasie het 'n stingel gars (die ster Tsemech) in haar hand, verteenwoordigend van die oes wat kom. In sommige kulture is sy die "Graandraende Jongvrou" genoem.

'n Aantal heidense tempels was gerig na waar Tsemech gesak het in die weste. Hul jaar het in die herfs begin.

Die Bybelse jaar begin in die lente, ná die lentenagewening. Tsemech was die hele nag sigbaar gedurende die maand van Maart. Die antieke Sjinese beskou Tsemech as 'n spesiale **ster van die lente** en noem dit Kio, die horing.[93]

> *Luk 1:68-69 Geloofd sy Jahweh, die God van Israel, omdat Hy sy volk besoek het en vir hulle verlossing teweeggebring het, en 'n horing van heil vir ons opgerig het in die huis van sy kneg Dawid*

Die Tempel in Jerusalem was gerig na die ooste, met die aangesig na waar Tsemech opgekom het. Tydens die heerskappy van Herodes die Grote, die laaste Joodse koning, tot en met die vernietiging van die Tweede Tempel in 70 nC, het die ster Tsemech presies in die ooste opgekom en presies in die weste gesak.[94]

Die Hebreeuse woord vir die lente is **awiev** en dit verwys na iets wat groen, sag of jonk is - soos die gerf gars in die hand van Virgo. Die Hebreeuse woord vir gars is ook awiev.

Awiev is ook die Bybelse naam vir die eerste maand ná die lentenagewening, die eerste maand van die godsdienstige jaar.

Jesus was die graankorrel wat moes sterf - John 12:24

---

[93] http://www.constellation-guide.com/spica/

[94] Die posisies waar die sterre opkom en sak is nie stilstaande nie, dit verander stadig as gevolg van die "waggeling" van die aarde se as.

Deel 3: Berekening van die geboortedatum van Jesus

Kalenders en die tradisionele geboortedatums van Jesus

Die tradisionele geboortedatum van Jesus was in 2 vC.
Antieke skrywers het die datums soos volg gegee:

	Skrywers	Datum[95]	Jaar	Maand
1.	Lukas	70 nC	2 vC	(nie in winter nie)
2.	Clement[96]	195 nC	2 vC	11 Tubi (6 Januarie)
3.	Irenaeus	180 nC	2 vC	-
4.	Tertullian	200 nC	2 vC	6 Januarie
5.	Hippolytus	210 nC	2 vC	2 April / Paasfees
6.	Sextus	221 nC	2 vC	25 Desember
7.	Origen	231 nC	2 vC	-
8.	Cyprian	243 nC	-	28 Maart
9.	Eusebius	340 nC	2 vC	-
10.	Epiphanius	357 nC	2 vC	6 Januarie
11.	Apollinaris	370 nC	2 vC	Januarie
12.	Orosius	418 nC	2 vC	-

Gevolgtrekking:
Antieke skrywers het saamgestem dat Jesus in 2 vC gebore is[97]

---

[95] Die datumkolom verwys na die benaderde datum van die bron.

[96] Clement noem ook 'n paar nie-algemene datums vir die dag en maand. (Hy het Egiptiese maande gebruik.) Een van hulle is 25 Pharmuthi (20 April), wat lyk of dit verwant kan wees aan die 25 Maart datum.

[97] Sien Bylaag C op bladsy 136 vir besonderhede.

Soortgelyke artikels wat ook bewys dat Jesus in 2 vC gebore is:

David W. Beyer (1998). *Josephus Reexamined: Unraveling the Twenty-Second Year of Tiberius*. Chronos, Kairos, Christos II, p.85-96

Allan Johnson (2013). *Rediscovering an ancient chronology*. Aanlyn (9/2018): [https://snofriacus.wordpress.com/studies/rediscovering-an-ancient-chronology/]

Die 4 algemene tradisionele geboortedatums (dag en maand)

Volgens 'n antieke Joodse tradisie sterf waarlik afgesonderde (heilige en vroom) mense op dieselfde dag wat hulle gebore is. Daarom het mense geglo dat Jesus op Paasfees gebore is.

Daar is 'n tradisie dat die wêreld op 25 Maart geskep is. Hulle het geglo dat Jesus op daardie datum gebore is. Dit het aanleiding gegee tot die *oorspronklike* tradisionele datum van 25 Maart vir die geboortedag van Yeshua. Maar Pesag het nie op 25 Maart daardie jaar geval nie (ook nie vir die vorige 14 jaar nie).

Cyprian het ook geglo dat die wêreld op 25 Maart geskep is, maar hy het geglo dat Jesus op die 4de dag van die skepping (28 Maart) gebore is, die dag waarop die son geskep is. (Hy word die "Son van Geregtigheid" genoem.)

Daar was 4 verskillende kalenders in gebruik wat 'n rol gespeel het in die vestiging van die ou tradisionele geboortedatums vir Jesus: Juliaans (Romeins), Hebreeus, Antieke Grieks (Macedonies) en Egipties. As almal die Romeinse kalender gevolg het, dan sou 25 Maart en 25 Desember die enigste 2 heersende datums wees het (ander datums was die sienings van minderhede).

Die 6 Januarie tradisie kom van die Grieks-Ortodokse geleerdes wat die antieke Griekse kalender gebruik het. In plaas van 14 Awiev op die Hebreeuse kalender (vir Pesag), het hulle die 14de dag van die eerste lente maand (Artemisios) gebruik, wat op 6 April val. Nege maande later kom by 6 Januarie. Daar is 'n tradisie dat Jesus op dieselfde dag gebore en gedoop is en dat dit op 6 Januarie was. Sommige Oos-Ortodokse kerke vier dit nog steeds op Jerusalem in Jerusalem as die "Fees van Epifanie" of "Driekoningedag" (verwysende na die manifestasie van die Messias aan die heidene, soos verteenwoordig deur die "wyse manne").

In die oostelike Romeinse Ryk (of Bisantynse Ryk) is die datum van bevrugting as die begin van jou lewe beskou en dit was belangriker as jou geboortedatum. Daarom het hulle geglo dat Jesus op Pesag ontvang is en nege maande later op 25 Desember gebore is.

Die rede vir die verwarring tussen die datums van bevrugting en geboorte is die keuse van woorde van die antieke skrywers en die manier waarop dit vertolk was: Woorde soos "genesis" en "epifanie" is vertolk as óf bevrugting óf geboorte deur verskillende kulture.

Só het dit gebeur dat daar 4 heersende tradisionele datums was vir die geboorte van Jesus: 25 Maart, 6 April, 25 Desember en 6 Januarie.

Opsomming: Hoekom daar 4 geboortedatums vir Jesus was :

1. 25 Maart was die oorspronklike tradisionele datum vir Jesus se geboorte en sterfte.
2. Ander het die datum nie vir sy geboorte gesien nie, maar sy ontvangenis. Gevolglik kry ons die datum van 25 Desember 9 maande later.
3. Die Griekse (i.p.v. Hebreeuse) kalender is gebruik om Pesag te bepaal. Die geboortedatum op 6 April was die gevolg.
4. Hierdie datum is toe ook deur sommige beskou as die datum van bevrugting. Die datum van 6 Januarie was die gevolg.

Herodes die Grote en die koms van Shiloh

Gen 49:10 Die septer sal van Judah nie wyk nie, nog die veldheerstaf tussen sy voete uit, totdat Shiloh kom; en aan hom sal die volke gehoorsaam wees.

Ese 37:19 sê dan vir hulle: So spreek Adonai Jahweh: Kyk, Ek sal die stuk hout van Josef neem, wat in die hand van Efraim is, en die stamme van Israel sy bondgenote, en hulle by hom voeg, by die stuk van Judah, en hulle een stuk hout maak; en hulle sal een word in my hand.

Ese 37:22 En Ek sal hulle een volk maak in die land, op die berge van Israel; en een koning sal vir hulle almal koning wees; en hulle sal nie meer twee nasies wees nie en verder nie meer in twee koninkryke verdeeld wees nie.

Hos 1:11 Dan sal die kinders van Judah en die kinders van Israel almal saam vergader[98] en vir hulle een hoof aanstel[99], en hulle sal uit die land optrek; want groot is die dag van Jisreël!

Ná die terugkeer van die ballinge uit Babilon was daar een koninkryk. Al die Israeliete wat na Israel teruggekeer het, het by Juda aangesluit, net soos dit geprofeteer was.[100]

Gedurende die Hasmoniese ryk was die hele land Judea genoem. Judaïsme was die amptelike staatsgodsdiens. Die koning was ook hoëpriester.

Herodes die Grote het die laaste Hasmoniese koning in 36 vC vermoor.

Shiloh (Die Messias) het gekom toe Jesus as die Koning van die Jode gebore is. Die septer het van Juda gewyk toe Herodes die Grote gesterf het. Hy het in dieselfde Bybelse jaar gesterf dat Jesus gebore is.

Ná die dood van Herodes is die land van Israel verdeel. Die Sanhedrin het nog steeds krag gehad, maar ná die vernietiging van die Tempel in 70 nC het dit ook tot 'n einde gekom.

---

[98] Israeliete van al die stamme is uit Juda na Babilon verban. Sedertdien word daar geen onderskeid gemaak tussen Israeliete van die verskillende stamme nie, hulle was almal bekend as Jode.

[99] Die enigste tydperk dat Israel en Juda weer heersers oor een verenigde koninkryk gehad het (ná die ballingskap na Babilon), was tydens die Hasmonese regering (135 vC tot 37 vC). Hierdie profesie wys nie na die Messias nie, want hy sal nie deur iemand aangestel word as hy terugkeer om as Koning van konings te regeer nie.

[100] Profesieë word baie dikwels vervul in 'n reeks gedeeltelike vervullings, vóór die uiteindelike en finale vervulling. Die Israeliete het teruggekom na Israel, maar hulle is weer in 136 nC verstrooi.

Daar is nog steeds sommige Joodse groepe en individue wat "aliyah maak" (terugkeer na Israel). Hierdie proses sal eers voltooi word ná die terugkeer van hul Messias, Yeshua HaMashiach (Jesus Christus).

Die regering van Herodes die Grote

Herodes die Grote[101] het regeer vir 37 jaar, waarvan 34 jaar ná die dood van Antigonus was.[102] Wanneer ons na die regeringsjare van antieke konings kyk, moet ons bewus wees van die volgende feite:

1. Datums van hul nominasies (wat vergelyk kan word met die salwing van Joodse konings), kroning, amptelike en werklike heerskappy is dikwels nie dieselfde nie.[103]

2. Sommige geskiedkundiges verwys na die jare dat heersers alleen geheers het, ander sluit koalisies in. Terugdaterende jare van bewind was ook nie ongewoon nie.

3. Regeringsjare vir Joodse konings word bereken vanaf 1 Awiev (Nissan)[104], wat in Maart of April is. Dit is noodsaaklik om dit in ag te neem, want hulle regeringsjare eindig altyd ná die einde van Gregoriaanse jare (wat eindig in Desember).

Volgens Josephus het Herodes in 40 vC "die koninkryk ontvang".[105] Maar Appian van Alexandrië sê dat hy in 39 vC koning geword het.[106] Blykbaar het die Romeinse Senaat hom in 40 vC as koning van die Jode genomineer, en amptelik as koning verklaar in 39 vC.

Maar hy kon nog nie heers nie, omdat Judea onder Parthiese beheer was en hulle amptelik Antigonus II Mattathias[107] as koning in 40 vC verklaar het. Herodes moes eers, met die hulp van die Romeinse leër, 'n oorlog teen Judéa voer en hulle oorwin voordat hy as koning kon regeer.

---

[101] Herodes is "die Grote" genoem omdat hy groot monumente gebou het en die vader was van die Herodiese dinastie. Hy moet nie verwar word met Herodes die viervors wat Johannes die Doper onthoof het nie.

[102] Josephus, F (c.94 nC). *Jewish Antiquities 17.8.1 / XVII:191*, Josephus, F (*c.75 nC.*) *The Jewish War 1.33.8,*)

[103] 'n Goeie voorbeeld van hierdie verskillende datums is die proses waarop Saul koning van Israel geword het – 1 Sam 10-11.

[104] Roland de Vaux (1973), *Ancient Israel Its Life and Institutions*, (Darton, Longman & Todd Ltd, London), 192-193. (Sien ook 2 Kronieke 29:3+17, 30:2).

[105] Josephus, F *(Jewish Antiquities 14.5 / XIV:389)*

[106] Appian *(Civil Wars, 5.8.75)*

[107] Hy was die laaste Hasmoniese priesterkoning van Judéa, hy was beide koning en hoëpriester.

Jerusalem is in Julie 37 vC verower en Antigonus II Mattathias is in die begin van 36 vC vermoor.[108] (Herodes het hom oorgegee aan die Romeine wat hom onthoof het).

Herodes het sy eerste munt in 36 vC gemunt en dit jaar 3 gedateer, wat bevestig dat sy amptelike regering in 39 vC begin het. Sy werklike heerskappy as koning van Judea het dus eers in 36 vC begin. Daarom sê Josephus dat "van die dae van Herodes" tot die vernietiging van die Tempel in Augustus 70 nC was 107 jaar.[109]

Gevolglik sal die einde van sy 37ste jaar van amptelike heerskappy as koning van Judea en die einde van 34 regeringsjare ná die dood van Antigonus op 22 Maart (29 Adar) 1 VC wees.

Gevolgtrekking:
Die 37ste regeringsjaar van Herodes die Grote was vanaf
5 April (1 Awiev) 2 vC tot 22 Maart (29 Adar) 1 vC.[110]

Die foute van die 4 vC datum

Een rede vir die foutiewe datum van 4 vC vir die dood van Herodes is waarskynlik omdat sy regeringsjare nie in ag geneem word nie.

Die ander rede is omdat hulle 'n kalender gebruik wat gebaseer is op die vaste 19-jaar metoniese siklus, i.p.v. om die interkalêre maande te bepaal deur die werklike lentenageweningdatums. Die gevolg van hierdie fout is dat hulle die verkeerde jaar vir die maansverduistering kies om die datum van Herodes se dood vas te stel.

Die vaste kalender is eers sedert 358 nC gebruik. Vóór dit moes die hoëpriester waarnemings bevestig om skrikkelmaande vas te stel, wat bygevoeg is wanneer dit nodig geag was.

---

[108] Titus Flavius Josephus (37 - 100 nC) verklaar dat Herodus die Hasmoniese era geëindig het (wat 126 jaar vroeër in 162 vC begin het): -162 +126 = -36 *Jewish Antiquities 14.16.4 / XIV:490*

[109] *Jewish Antiquities 20.10.1 / XX:250*: 70 − 107 +1 (geen jaar zero) = -36

[110] Volgens die Joodse lunisolêre kalender, gebaseer op die lentenagewening datums

Herodes se sterfdag: 'n Feesdag ná 'n maansverduistering

'n Feesdag

Herodes het gesterf ná 'n maansverduistering[111] ná 'n vasdag van die Jode, en vóór die Pasga.[112] In die Megillat Ta'anit ("Rol van vasdae") is daar twee feestatums waarop daar nie gevas word nie: 2 Shevat en 7 Kislev. Een vier die dood van Herodes,[113] en die ander een die dood van koning Alexander Jannaeus.

Maar die geleerdes kan nie saamstem oor watter datum is vir wie nie, so ons sal beide as moontlike datums oorweeg. Een van hierdie twee feesdae, die een wat tussen 'n maansverduistering en Pesag val in die finale regeringsjaar van Herodes, is sy sterfdag.

Die maand Awiev is die eerste maand van die Joodse jaar. Dit begin ná die maand Adar in 'n normale jaar van 12 maande, of ná VeAdar (Adar II) in 'n Hebreeuse skrikkeljaar (of interkalêre jaar). Volgens NASA se berekeninge was die lentenagewening vir 2 vC op 21 Maart. Vaste kalenders[114] gee hierdie datum as 16 Aviv/Nissan.

Dit is duidelik dat dit 'n fout is, omdat **Pesag (14 Aviv / Nissan) ALTYD op of ná die lentenagewening moet plaasvind**. As berekeninge getoon het dat dit voor die nagewening sal plaasvind, dan is 'n tweede maand Adar by daardie jaar gevoeg.

As ons die kalender korrigeer[115] deur VeAdar van 1 vC na 2 vC te skuif, dan val 7 Kislev op 4 Desember 2 vC en 2 Shevat val op 28 Januarie 1 vC.[116]

---

[111] *Antiquities 17.6.4 / XVII:166-167;*

[112] *Antiquities 17.9.3 / XVII:214, The Jewish War 2.1.3.*

[113] Herodes was baie wreed en het selfs voor sy dood voorspel dat die Jode sy dood met 'n fees sou vier - The Jewish War 1.33.6

[114] Vaste kalenders is gebaseer op 'n vaste 19-jaar-metoniese siklus, waar jare 3, 6, 8, 11, 14, 17 en 19 embolismies (skrikkeljare) is.

[115] Volgens die lentenagewening, soos vereis deur die Joodse wet

[116] Hebreeuse datums is bereken volgens die stelsel wat die Sanhedrin gebruik het in Jesus se tyd. Sien voetnote op bladsy 88 vir besonderhede. [http://astropixels.com/ephemeris/phasescat/phases-0099.html]

(Vaste kalenders gebruik 'n vaste patroon. Hulle kan dalk 'n ander datum gee wat heelwaarskynlik verkeerd sal wees)

Die maansverduistering

Daar was 2 maansverduisterings in die finale regeringsjaar van Herodes: 'n gedeeltelike een op 17 Julie 2 vC, en 'n totale een op 10 Januarie 1 vC.[117] Die een op 17 Julie is gevolg deur die Fees van Trompette, nie Pesag nie, dus kan ons daardie een uitskakel.

Die maansverduistering op 10 Januarie 1 vC was slegs 5 dae ná die Vas van 10 Tevet op 5 Januarie, en dit word gevolg deur Pesag. Dit was 'n totale maansverduistering, iets wat skaars is. Die volgende kronologie pas perfek by al die geskiedkundige bewyse wat verband hou met die dood van Herodes die Grote:

   5 Januarie: Die vasdag van 10 Tevet

   10 Januarie: Maansverduistering (15 Tevet)

   28 Januarie: Feesdag 2 Shevat = Dood van Herodes

   17 April: Pesag op 14 Awiev (Nissan)

Gevolgtrekking:

Herodes het op 28 Januarie 1 vC gesterf.
Dit bevestig Jesus se geboorte in 2 vC.

Die priesterlike diensbeurt van Abia

Lukas gee ons 'n chronologiese weergawe van Jesus se geboorte (Lukas 1), beginnende met die priesterlike diensbeurt van Abia:

1. Gedurende Abia se priesterlike diensbeurt het die engel Gabriël aan Sagaria verskyn. Hy het vir hom gesê dat hy 'n seun sal hê wat hy Johannes moet noem (Heb: Yochanan) (v5, 11-13).

2. Sodra sy diensweek klaar was, het hy huis toe gegaan (v23).

3. Sy vrou raak swanger, sonder haar af vir 5 maande (v24).

---

[117] "Catalog of Lunar Eclipses: -0099 to 0000 (100 vC to 1 vC)", NASA, [https://eclipse.gsfc.nasa.gov/LEcat5/LE-0099-0000.html]

Die twee verduisterings in 4 vC was slegs gedeeltelik, en hulle kan ook nie met al die ander gebeure gesinchroniseer word nie.

4. Die volgende dag (die eerste dag van die 6de maand) het die engel Gabriël Maria besoek. Hy het vir haar gesê dat sy aan die Messias sou geboorte gee, en sy het swanger geword (v26-35).

5. Mirjam het Elisabet onmiddellik gaan besoek (v39).

6. Sy was alreeds swanger toe Elisabet haar begroet het (v40-45).

7. Mirjam het daar gebly vir 3 maande en toe na haar eie huis toe gegaan (v56).

8. Omtrent 'n maand later skenk Elisabet geboorte aan Yochanan (v57).

Yochanan is ontvang teen die einde van die priesterlike diensbeurt van Abia, en Jesus is ontvang toe Elisabet 5 maande swanger was met Yochanan.

Ons kan dus die einddatums van die weeklikse priesterlike Tempeldiens gebruik om die 2 moontlike geboortedatums vir Jesus baie akkuraat te bereken.

Die 24-week siklus van priesterlike diensbeurte

Daar was 24 priesterlike diensbeurte wat 'n siklus van 24 weke gevolg het (1 Kron. 24: 7-18). Die priesters van elke diensbeurt het vir 'n week lank gewerk, vanaf een Sabbat tot die volgende Sabbat (1 Kron. 9:25, 2 Kron. 23: 8). Dit word bevestig deur die Joodse geskiedkundige Josephus.[118]

Hierdie siklus van 24 weke herhaal homself voortdurend. Rabbi Ari Shvat sê die volgende[119]: "Die Talmoed (Erchin 11b; Y'rushalmi Shkalim 5, 3) en die meeste kommentare en halagiese kodifiseerders sê eenvoudig dat die orde van die 24 kohaniese gesinne homself voortdurend herhaal het."

Volgens die Mishnah ('Arakin 11b en Ta'anith 29a) was die diensbeurt van Jojarib aan diens op die aand van die 9de Av wanneer die Tempel vernietig is. Dit was op 4 Augustus 70 nC.

---

[118] *Jewish Antiquities VII:365-366*

[119] Rabbi Ari Shvat. *Priestly courses (mishmarot hakehuna): cycles and leap years.* (Yeshiva Arutz Sheva)

Kalender Dokument B (4Q321)

Op die Qumran-rolle (4Q320 en 4Q321, gedateer 50-25 vC) se Mishmarot-kalender is die priesters se diensbeurte aaneenlopend.

Hul 7-jarige sabbatiese siklus het met die diensbeurt van Gamul begin op die eerste Woensdag ná die lentenagewening. In 42 vC het die siklus begin op 25 Maart. Dit sinchroniseer met die diensbeurt van Jojarib in 70 nC.[120]

Ons weet dus dat die siklus van diensbeurte vanaf minstens 42 vC tot en met 70 nC nie onderbreek was nie. Deur terug of vorentoe te tel vanaf een van die 2 bekende datums kan ons bepaal wanneer Sagaria aan diens was.

Die datums van die priesterlike diensbeurt van Abia

Daar is meer as 48 weke in 'n jaar, so daar sou minstens 2 jaarlikse diensbeurte wees, wanneer die priesters Tempeldiens gedoen het. Deur terugwerkend te bereken vanaf die geboortejaar (2 vC), kan ons die tydsraamwerk bepaal waarin die diensbeurte van Abia moes gedien het toe Sagaria aan diens was.

---

[120] [http://www.johnpratt.com/items/docs/lds/meridian/2003/qumran.html#fn20]

Wanneer ons die 5 maande van Elisabet se swangerskap[121] by die 9½ maande van Mirjam se swangerskap voeg,[122] dan kry ons 14½ maande vanaf die tyd dat die engel Gabriël aan Sagaria verskyn het tot en met die geboorte van Jesus.

Ons weet dat Jesus in 2 vC gebore is. As Jesus op 1 Januarie gebore is, dan sal die vroegste datum vir die einde van Sagaria se priesterlike diensbeurt 14½ maande vroeër wees, d.w.s. 16 Oktober 4 vC. As Jesus op 31 Desember gebore is, dan sal die laaste datum 14½ maande vroeër wees, d.w..s 15 Oktober 3 vC.

Abia het 2 keer Tempeldiens gedoen in die tydperk van 16 Oktober 4 vC tot 15 Oktober 3 vC. Die einddatums van sy priesterlike diensbeurte was 25 Januarie 3 vC en 12 Julie 3 vC.

Berekening van die moontlike geboortedatums van Jesus

Berekeninge gebaseer op die 25 Januarie 3 vC datum:

Sagaria gaan huis toe - Elisabet raak swanger:	8 Shevat / 25 Januarie 3 vC
5 Hebreeuse maande later[123]:	8 Tammus / 22 Junie 3 vC
Engel se besoek, Mirjam swanger:	9 Tammus / 23 Junie 3 vC
Geboorte 286 dae later:	**1 Awiev / 5 April 2 vC**

---

[121] Dit was die dag nádat Elizabeth al 5 maande swanger was toe die engel Gabriël aan Mirjam verskyn het (Luk 1:24-26).

[122] Volgens Epiphanius was die swangerskap van Mirjam "tien maande minus veertien dae en agt ure". Dit is klaarblyklik gebaseer op die apokriewe boek "Wysheid van Salomo" (Wysheid 7: 2). Hy was 'n Griekse monnik van Egipte en sou Egiptiese maande gebruik het (soos wat Clement gemaak het). Egiptiese maande het 30 dae: 10 x 30 − 14 = 286

The Panarion of Epiphanius of Salamis. Books II and III, vertaal deur Frank Williams. — Tweede, hersiene uitgawe (2011). p.61 (29.6)

Aanlyn (10/2018): [http://preteristarchive.com/Books/pdf/2013_williams_the-panarion-of-epiphanius-of-salamis_02-03.pdf]

[123] Bybelse datums is byna altyd gebaseer op Joodse kalender

Berekeninge gebaseer op die 12 Julie 3 vC datum:

Sagaria gaan huis toe -
Elisabet raak swanger: 28 Tammus / 12 Julie 3 vC

5 Hebreeuse maande later: 28 Kislev / 6 Desember 3 vC

Engel se besoek,
Mirjam swanger: 29 Kislev / 7 Desember 3 vC

Geboorte 286 dae later: **20 Elul / 19 September 2 vC**

Ons het nou die 2 moontlike geboortedatums van Jesus bepaal:

1 Awiev (5 April) of 20 Elul (19 September) 2 vC.

Die besoek van die herders

Luk 2:8-16 En daar was herders in dieselfde landstreek, wat in die oop veld gebly en in die nag oor hulle skape wag gehou het. En meteens staan daar 'n engel van Jahweh by hulle, en die heerlikheid van Jahweh het rondom hulle geskyn en groot vrees het hulle oorweldig. En die engel sê vir hulle: Moenie vrees nie, want kyk, ek bring julle 'n goeie tyding van groot blydskap wat vir die hele volk sal wees, dat vir julle vandag in die stad van Dawid gebore is die Saligmaker wat die Messias, die Here, is. En dit is vir julle die teken: julle sal 'n Kindjie vind wat in doeke toegedraai is en wat in die krip lê. En skielik was daar saam met die engel 'n menigte van die hemelse leërskare wat God prys en sê: Eer aan God in die hoogste hemele en vrede op aarde, in die mense 'n welbehae!

En toe die engele van hulle weggegaan het na die hemel, sê die herders vir mekaar: Laat ons dan na Betlehem gaan en hierdie ding sien wat gebeur het, wat Jahweh aan ons bekend gemaak het. En hulle het met haas gegaan en Mirjam en Josef gevind en die kindjie wat in die krip lê.

Ons weet dat die herders in die veld was toe Jesus gebore is.

In die Mishnah (Traktaat Beitza, c.5) lees ons dat mak diere weggeneem is omtrent die tyd van Paasfees (Pesag), hulle het in die somer in die weiveld gewei, en is teruggeneem in die herfs met die eerste reën. Die eerste reën kom gewoonlik net ná die Loofhuttefees (Soekkot), die laaste fees in die herfs. Dit is teen die einde van September.[124]

Hulle het Jesus in 'n voerbak gesit. As dit winter was, sou daar meer as genoeg plek in die herberg wees (mense het nie in die winter gereis nie) - maar die diere sou binnekant wees en daar sou kos in die voerbak gewees het. In die lente - veral naby 'n fees soos Pesag - sou die herberge vol wees en die diere in die veld.

Gevolgtrekking:

Beide berekende datums (5 April en 19 September) is moontlik vir die besoekers van die herders. Maar die latere datum is baie onwaarskynlik, want die reënseisoen het al begin en hulle sou waarskynlik nie in die veld wees nie.

Die registrasie / sensus van Quirinius

Luk 2:1-5 En in daardie dae het daar 'n bevel uitgegaan van keiser Augustus dat die hele Romeinse Ryk geregistreer moes word. v2 (Hierdie eerste inskrywing het plaasgevind toe Quirinius goewerneur van Sirië was). v3 En almal het gegaan om ingeskryf te word, elkeen na sy eie stad. v4 En Josef het ook opgegaan van Galilea, uit die stad Nasaret, na Judea, na die stad van Dawid, wat Betlehem genoem word, omdat hy uit die huis en geslag van Dawid was, v5 om hom te laat inskrywe saam met Mirjam, die vrou aan wie hy hom verloof het, wat swanger was.

Luk 2:6-7 En terwyl hulle daar was, is die dae vervul dat sy moes baar; v7 en sy het haar eersgebore Seun gebaar en hom toegedraai in doeke en hom in die krip neergelê, omdat daar vir hulle geen plek in die herberg was nie.

---

[124] Mense het altyd vir reën gebid tydens die Loofhuttefees. Daar is selfs 'n Messiaanse profesie wat sê dat die nasie wat nie na die Loofhuttefees in Jerusalem gaan nie, nie reën sal kry nie (Sag 14:17).

Die enigste logiese rede waarom Josef met sy vrou, in 'n gevorderde stadium van swangerskap, na Betlehem sou reis , is omdat hulle moes weens die registrasie.

Die registrasie waarna Lukas verwys, was in 2 vC. Argeoloog en chronoloog Gerard Gertoux gee oortuigende bewyse dat Quirinius vanaf 3 tot 2 vC die goewerneur van Sirië was.[125] (Ander argeoloë / chronoloë soos Bergmann, Mommsen en Zumpt bevestig dit). Die geskiedkundige Paul Orosius dateer die registrasie van Augustus in die jaar 752 van Rome, wat in 2 vC was.[126]

Keiser Augustus is op 5 Februarie 2 vC as "Vader van die Land" (Pater Patriae) verklaar. Hy het 'n registrasie van die hele Romeinse Ryk (wat hulle as die hele wêreld beskou het) bepaal. Dit is die "breviarium totius imperii" genoem ("Inventaris van die Wêreld"). Eintlik was dit 'n balansstaat wat al die hulpbronne in die hele Romeinse Ryk getoon het. Die eerste weergawe van hierdie Breviarium is op 12 Mei 2vC in die tempel van Mars Ultor vertoon.

Die registrasie was waarskynlik in Maart en April. In Februarie was dit nog te koud en nat (daarom het die Romeine nie vroeër as Maart oorlog gemaak nie). En dit moes voor 12 Mei klaar wees om hulle genoeg tyd te gee om die inventaris te doen.

As Jesus op 20 Elul (19 September) gebore is, dan beteken dit dat Josef doelbewus gewag het totdat sy vrou aan die einde van haar swangerskap was voordat hulle gereis het om te gaan registreer, wat nie sin maak nie. Dit sou ook ná die registrasie gewees het.

> ### Gevolgtrekking:
> Jesus is gebore op 1 Awiev (5 April) 2 vC.

Let wel: Die Hebreeuse datums word getoon vanweë hul betekenis. Die tema en betekenis van die Bybelse datum van 1 Awiev vir die geboortedatum van Jesus is verbasend (sien Deel 4).

---

[125] Gérard Gertoux, *Herod the Great and Jesus - Chronological, Historical and Archaeological Evidence*, (Lulu.com, 2017), 21 - 24

[126] Histories against the pagans VI:22:1; VII:3:4

Die besoek van die wyse manne[127]

Die Teken in die hemel

Gen 49:9 Judah is 'n jong leeu: van die prooi af het jy opgegaan, my seun. Hy rek homself en gaan lê, soos 'n leeu en soos 'n leeuin. Wie sal dit waag om hom op te jaag?

Waarom het die wyse manne die konjunksies vertolk as die geboorte van die "Koning van die Jode"? As geleerde manne uit Persië (Babilon) moes hulle vertroud gewees het met die profesieë van Bileam en Daniël.

Bileam was 'n beroemde heidense profeet. Hy het Israel gesien as 'n leeu. Hy het geprofeteer oor 'n komende Heerser van Israel, wat hy 'n Ster genoem het:

Num 24:9 Hy rek homself en gaan lê, soos 'n leeu en soos 'n leeuin. Wie sal dit waag om hom op te jaag? Geseënd is hulle wat jou seën, en vervloek is hulle wat jou vervloek!

Num 24:17a Ek sien hom, maar nie nou nie, ek aanskou hom, maar nie naby nie: 'n Ster kom te voorskyn uit Jakob, en 'n Septer kom uit Israel op.

Leo (met die helder Koningster Regulus) is die "Koning" - konstellasie. Dit was verbind met Judah[128] (Leeu van Judah) en koninklikes.

Daniël was 'n groot en beroemde profeet. Nebukadnésar, die koning van Babilon, het hom as heerser oor die hele provinsie Babilon aangestel.[129] Dit was die metropool van die Babiloniese Ryk.

---

[127] In Grieks is hulle "Magos" genoem (Die oorsprong van die Engelse woord "magician"). Hulle was geleerde sterrekundiges wat astrologie en towery beoefen het (soos die Chaldeërs). In sommige vertalings word hulle "Magiërs" genoem.

[128] Die simbool van die Romeinse Ryk was die arend.

[129] Sy graftombe was in Mosul in Irak (die hedendaagse naam vir Babilon). Dit was 'n besondere heilige plek vir Islamitiese, Christelike en Joodse pelgrims - totdat dit in 2014 deur ISIS ('n Islamitiese terroriste groep) opgeblaas is. Hulle het ook die graftombe van die profeet Jonah vernietig.

Hy het hom ook hoof van die goewerneurs gemaak oor al die wyse manne van Babel. Hy het dit gedoen omdat Daniël sy drome kon vertolk, iets wat geen astroloog in sy ryk kon doen nie (Dan 2:48).

Daniël het geprofeteer oor 'n Gesalfde wat sou kom. Hy het 'n paar berekeninge gegee oor wanneer hierdie Gesalfde een sou kom (Dan 9), en dit was omtrent tyd. Beide konings en profete is gesalf vir hul rolle. Hulle het dus die geboorte van die "Koning van die Jode" verwag. (Nog 'n rede hoekom hulle nie na Rome, die hoofstad van die Romeinse Ryk gegaan het nie).

Die leeu was die embleem op die stamteken van Juda. Toe die Israeliete in die woestyn kamp opgeslaan het, het hulle aan die oostekant van die Tabernakel kamp opgeslaan - onder hulle vaandel met die leeu daarop:

> Num 2:2-3 Die kinders van Israel moet laer opslaan elkeen by sy vaandel, by sy familieteken; op 'n afstand rondom die tent van samekoms moet hulle laer opslaan. En die wat aan die oostekant, teen sonop, laer opslaan, moet wees: die vaandel van die laer van Judah volgens hulle leërafdelings; en Nachshon, die seun van Amminadab, moet owerste wees oor die seuns van Judah.

Toe die wyse manne die "Ster van die Koning van die Jode" sien (die helderste ster wat hulle ooit gesien het!) en besef dat Daniël se profesie tot vervulling gekom het, sou hulle vanselfsprekend wou gaan om hierdie Leeu te seën sodat hulle ook geseënd sal wees!

Die konjunksies van 3 en 2 vC:

Die enigste sterrekundige verskynsels wat bevredigend voldoen aan die beskrywing van wat die wyse manne gesien het, en wat hulle dit die "Ster van die Koning van die Jode laat noem het, was die konjunksies van Venus en Jupiter en die" kroning "van die Koningster" deur Jupiter in 3 en 2 vC.[130]

---

[130] Sien *Venus en Jupiter konjunksie: Die "Ster van Betlehem"* op bladsy 52 vir 'n beskrywing van hoe skouspelagtig dit was.

12 Augustus / 1 Elul 3 vC: "Ster in die Ooste"

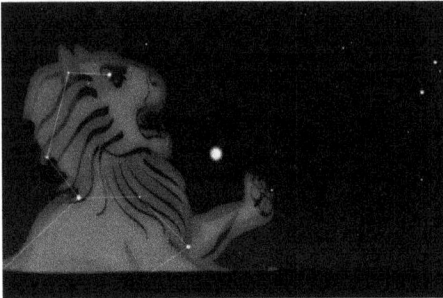

Konjunksie van Jupiter en Venus reg voor die Leo-konstellasie, naby die ster Regulus (die "Koningster"). Dit was net voor sonop sigbaar op die oostelike horison.

Dit was op die 50ste dag ná die konsepsie van Miryam.

14 September 3 vC, 17 Februarie 2 vC en 8 Mei 2 vC: "Die Kroning van die Koningster"

14 September 3 vC: Jupiter kom in konjunksie met Regulus (die Koningster in die Leo-konstellasie) en beweeg toe verby dit. Toe lyk dit of dit stop en terugbeweeg totdat dit Regulus weer verbygaan op 17 Februarie 2 vC. Dit het aangehou om te beweeg tot op 23 Maart 2 vC waar dit naby Regulus gestop het.

Van 23 Maart tot 5 April het Jupiter vir 14 dae lank stilgestaan (14 is die nommer vir Dawid, die koning van Israel).

Jupiter het toe weer beweeg en Regulus vir 'n derde keer op 8 Mei 2 vC verbygegaan, amper asof dit vir Regulus "gekroon het" het.[131]

17 Junie 2 vC: "Ster van Betlehem"

Venus en Jupiter

*Mat 2:1-2 Nadat Jeshua te Betlehem in Judea gebore is, in die dae van koning Herodes, het daar wyse manne uit die Ooste in Jerusalem aangekom en gevra: Waar is hy wat as Koning van die Jode gebore is? Want **ons het sy ster in die Ooste gesien**, en ons het gekom om hom hulde te bewys.*

---

[131] Dit word "teruggaande beweging" of "retrograderende beweging" genoem

74

*Mat 2:8 En hy (Herodes) het hulle na Betlehem gestuur en gesê: Gaan doen noukeurig ondersoek na die Kindjie, en as julle hom vind, laat my weet, sodat ek ook kan gaan en hom hulde bewys. v9 En nadat hulle die koning aangehoor het, het hulle vertrek. En kyk, **die ster wat hulle in die Ooste gesien het**, gaan voor hulle uit totdat hy kom en bly staan bo-oor die plek waar die Kindjie was. v10 En toe hulle die ster sien, het hulle hul met baie groot blydskap verheug.*

As gevolg van die aarde se rotasie lyk dit of sterre in die ooste opkom, suidwaarts beweeg,[132] en dan in die weste sak. Die eerste keer dat die wyse manne die konjunksie gesien het was op 12 Augustus 3 vC in die ooste. In die namiddag en aand van 17 Junie was dit in die weste.

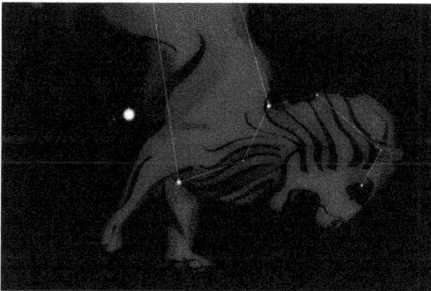

Die konjunksie van Venus en Jupiter op 16 Junie 2 vC was 'n uiters noue konjunksie (vanaf sekere waarneempunte het hulle oorvleuel).

Hulle het voorgekom soos een helder glansende lig.

Betlehem is ongeveer 6 myl vanaf Jerusalem. Dit sou die wyse manne nie meer as ongeveer 2 uur op kameel (of te voet) neem om daar te kom nie. Jerusalem is noord van Betlehem. As hulle die konjunksie in die weste gesien het, dan beteken dit dat hulle regs gedraai het toe hulle Betlehem binnegekom het om die huis te bereik waar Jesus en sy ouers gewoon het.[133]

Hulle hoef nie tot die aand gewag het om die konjunksie te sien nie: Venus en Jupiter kan dikwels in die daglig gesien word.[134]

---

[132] Behalwe wanneer waargeneem word vanaf die ewenaar. Die verskynsel kan duidelik gesien word met sterrekundige sagteware (bv. Stellarium) wanneer tyd versnel word. (Vir ou rekenaars probeer weergawe 0.12.9.)

[133] Hulle het in Betlehem gaan woon NÁ die voorstelling by die Tempel.

[134] Die enigste ander planeet wat ook soms in die dag sigbaar is is Mars, alhoewel dit moeilik is om te sien:
[https://earthsky.org/astronomy-essentials/10-surprising-things-to-see-in-the-daytime-sky]

Op 17 Junie was die konjunksie van hierdie 2 helder planete duidelik sigbaar vanaf ten minste 'n uur vóór sonsondergang.

Hulle was "met baie groot blydskap verheug" toe hulle die "ster" weer gesien het (Mat 2:10). Hulle het die vorige jaar die "ster" in die ooste gesien, toe het hulle dit nie gesien nie, en toe sien hulle dit weer. Dit is presiés hoe die 2 konjunksies op 12 Augustus 3 vC en 17 Junie 2 vC vir 'n antieke waarnemer sou voorgekom het!

Beide konjunksies van Jupiter en Venus het naby en net bokant Regulus plaasgevind. Dís hoekom die wyse manne gedink het dat dit dieselfde ster was. Regulus is die "koningster" in die konstellasie van Leo. Dís hoekom hulle dit die "ster van die Koning van die Jode" genoem het.

Indien hulle enigsins getwyfel het nádat hulle die eerste konjunksie gesien het, dan moes die "Kroning van die Koningster" hulle sekerlik oortuig het!

Berekende datums vergelyking vir wyse manne se besoek

Mat 2:11 En hulle (die wyse manne) het in die huis gegaan en die Kindjie by Mirjam, sy moeder, gevind en neergeval en hom hulde bewys. Daarop maak hulle hul skatte oop en bring vir hom geskenke: goud en wierook en mirre.

Mat 2:12-14 En omdat hulle in 'n droom 'n goddelike waarskuwing ontvang het om nie na Herodes terug te keer nie, het hulle met 'n ander pad na hul land teruggegaan. v13 En toe hulle teruggegaan het, verskyn daar 'n engel van Jahweh in 'n droom aan Josef en sê: Staan op, neem die Kindjie en sy moeder en vlug na Egipte, en bly daar totdat ek jou sê; want Herodes gaan die Kindjie soek om hom dood te maak. v14 Hy het toe opgestaan, die Kindjie en sy moeder in die nag geneem en na Egipte vertrek.

Mat 2:15 En hy was daar tot die dood van Herodes, sodat die woord vervul sou word wat Jahweh gespreek het deur die profeet: Uit Egipte het Ek my Seun geroep.

God het die wyse manne gewaarsku om nie na Herodes terug te keer nie. Dit moes wees gedurende die nag van die aand dat hulle Jesus besoek het, anders sou hulle die volgende dag weer terug gewees het by hom.

Die wyse manne het die volgende dag vertrek. Daardie nag het Josef en Mirjam na Egipte gevlug. Hulle het daar gebly tot Herodes se dood.[135]

Dit beteken dat die wyse manne kon Jesus nie besoek het vóórdat sy ouers hom na die Tempel geneem het om hom as die eersgeborene aan Jahweh voor te stel nie. Indien hulle dit gedoen het, dan kon hy nie betyds terug wees in Israel vir sy voorstelling nie.

Die voorstelling by die Tempel het op die heel vroegste 41 dae ná die geboorte plaasgevind, en dan moes hulle nog teruggaan huis toe. Dit beteken dat Jesus minstens 42 dae oud sou gewees het as die wyse manne hulle besoek het op die dag van hul tuiskoms.

> *Lev 12:3-4 En op die agtste dag moet hy aan die vlees van sy voorhuid besny word. Dan moet sy drie en dertig dae in die reinigingsbloed bly. Aan niks wat heilig is, mag sy raak nie en in die heiligdom mag sy nie kom nie, totdat die dae van haar reiniging verby is.*

> *Luk 2:22 En nádat die dae van haar reiniging volgens die Instruksies van Moshe vervul was, het hulle hom na Jerusalem gebring om hom aan Jahweh voor te stel.*

Die 2 berekende datums vir die geboorte van Jesus, gebaseer op die priesterlike diensbeurte, is 5 April en 19 September in 2 vC. 42 dae ná 5 April is 17 Mei en 42 dae ná 19 September is 31 Oktober.

Indien geboortedatum 5 April:
Die wyse manne besoek op of ná 17 Mei

Gedurende Mei was Herodes in Jerusalem in sy somerpaleis. Sy seun Antipater was onder verhoor vir 'n sameswering teen hom. Hy het na Israel geseil vir die verhoor.[136] Skepe het nie gedurende die winter gevaar nie.[137]

---

[135] Hulle het in Junie 2 vC gevlug, Herodes het op 28 Januarie 1 vC gesterf. Dit was in dieselfde Bybelse jaar.

[136] Jewish Antiquities 17.5

[137] Die kaptein van die skip waar Saul op was het 'n kans gewaag om in die winter te vaar. Hulle het skipbreuk gely (Handelinge 27).

Mense het nie vêr in die winter gereis nie as gevolg van die reën en die sneeu. Jesus het selfs aan sy dissipels gesê om te bid dat hulle nie in die winter sal moet vlug nie (Mat 24:20).

Herodes en Quintilius Varus was saam in Jerusalem vir die hofsaak. Varus was die nuwe goewerneur van Sirië en hy was op pad na Antiochië. Goewerneurs is op 1 Januarie aangestel. Hulle moes voor 1 Junie Rome verlaat om te gaan na waar hulle toegewys is.[138]

Die tydperk ná 17 Mei word bevestig deur die "Ster van Betlehem" op 17 Junie.

Die wyse manne het waarskynlik Babilon verlaat nádat hulle gesien het dat Jupiter die derde keer[139] (8 Mei 2 vC) verby Regulus gegaan het. Teen daardie tyd moes hulle besef het dat die geboorte van hierdie Koning van die Jode iets buitengewoon moet wees.

Hulle moes Jerusalem op die heel laatste teen die oggend van 17 Junie 2 vC bereik het.[140] Toe hulle Betlehem teen die namiddag of aand van 17 Junie 2 vC bereik het, het hulle daardie beroemde konjunksie gesien, die Ster van Betlehem.

Die wyse manne het aan Herodes vertel dat hulle die ster van die Koning van die Jode in die ooste gesien het. Dit was die konjunksie van Jupiter en Venus op 12 Augustus die vorige jaar.[141]

Herodes was waarskynlik in 'n baie slegte bui omdat sy seun Antipater saamgesweer het om sy troon oor te neem (Herodes het hom uiteindelik vermoor). Hy sou niemand anders toelaat om dit selfs te probeer nie. Hy wou nie enige kanse waag nie. Hy besluit toe om al die seuntjies tot 2 jaar oud in die Betlehem-omgewing dood te maak. Hy het sy bes probeer om seker te maak dat die nuwe Koning uitgeskakel word.

---

[138] Josephus, Jewish Antiquities XVII:254-255,
   Cassius Dio: Roman History LVII:14:5; LX:11:6; LX:17:3).
[139] Sien *Die Kroning van die Koningster* op bladsy 74
[140] Waarskynlik 'n dag of twee vroeër: Hulle was besig om Jesus in Jerusalem te soek toe Herodes daarvan hoor en met hulle gepraat het.
[141] Dié konjunksie het die konsepsie aangekondig wat 50 dae vroeër plaasgevind het.

Die 2 jaar limiet was 'n baie veilige en praktiese keuse vir Herodus: Dit sou beslis alle kinders insluit wat gebore is in die tydsperiode waarvan die wyse manne gepraat het. Tweejarige seuns is ook maklik herkenbaar - hulle is nie meer in luiers nie, kan praat in sinne en hardloop rond - sommer baie!

Indien geboortedatum 19 September:
Die wyse manne besoek op of ná 31 Oktober

31 Oktober of later is amper 'n onmoontlike tyd vir die wyse manne se besoek. Eerstens was dit amper winter (dit sou hulle minstens twee weke neem om terug te keer na hul eie land).

Boonop sou Herodes in sy winterpaleis wees teen Oktober. Sy winterpaleis[142] was in Jerigo, wat sy hoofstad was.

Dit was die reënseisoen. Hy was baie siek in die laaste paar maande van sy lewe. Hy het waarskynlik maande lank gely, indien nie jare nie. Mediese dokters het hom gediagnoseer met verskriklike siektes wat ek nie eens hier wil beskryf nie.[143]

Daar is geen beduidende sterrekundige gebeurtenis tussen 31 Oktober 2 vC en 28 Januarie 1 vC wat as die Ster van Betlehem beskou kan word nie. Daar was geen helder konjunksie van dieselfde planete in dieselfde konstellasie wat die vorige jaar in die ooste gesien is nie.

Gevolgtrekking:
Jesus is gebore op 1 Awiev / Nissan (5 April) in 2 vC,

en die wyse manne het hom op 17 Junie besoek.

Hierdie datums stem ooreen met al die feite en word nie weerspreek deur enige geskiedkundige gebeurtenisse nie.

---

[142] Hy het dit "Cypros Paleis" genoem ter herinnering aan sy moeder

[143] Amanda Onion (2017). Researchers Diagnose Herod the Great. *abcNEWS, 25 January 2017.*

Deel 4: Chronologie en veelseggendheid van datums

Hulle sê dat "toeval" God se manier is om anoniem te bly. Wanneer daar 'n reeks besonderse gebeurtenisse is wat op spesifieke tye gebeur, dan kan ons die Hand van God duidelik sien.

Dit is verbasend hoe die boodskap van die sterre die Bybelse chronologie bevestig. Ons kan amper die geboortedatum van Jesus bepaal deur slegs na die geskiedkundige gebeure te kyk! Die datums van die sterrekundige gebeurtenisse vertel ons 'n wonderlike storie - maar SLEGS as ons die berekende datums volgens hierdie boek vir sy konsepsie en geboorte gebruik! (Om hierdie rede beskou ek dit as 'n goddelike bevestiging dat die berekende datums korrek is).

In hierdie chronologie word die geskiedkundige en sterrekundige gebeure gelys vanaf die einde van die priesterlike diensbeurt van Abia (toe die geboorte van Johannes, die voorloper van die Messias, aangekondig is) tot by die heliakale opkoms van die ster Tsemech (wat wys na die terugkeer van die Messias).

Hierdie is my vertolkings. Hulle is gebaseer op Bybelse simboliek, die betekenis van getalle en die numeriese waardes van woorde.

25 Januarie 3 vC:
Berei die Weg

Sagaria het huis toe gegaan aan die einde van sy diensweek by die Tempel. Sy vrou Elisabet word swanger met Johannes (Jochanan).

Hy sal die weg vir die Messias voorberei:

> Mat 11:10 Want dit is hy van wie daar geskrywe is: Kyk, Ek stuur my boodskapper voor u aangesig, wat u weg voor u uit sal voorberei.

23 Junie 3 vC:
Swangerskap van Mirjam

Gabriël, die boodskapper van God, besoek Mirjam en vertel haar dat sy aan die Messias geboorte sal gee. Sy raak swanger.

2 Julie 3 vC:

Die Boodskapper van God kondig aan in die sterre dat die Woord (Torah) vlees geword het.

Joh 1:14a En die Woord het vlees geword en onder ons kom woon.

Mercury konjunksie met Regulus in Leo

Verduideliking van vertolking:

Mirjam het swanger geraak op die dag toe Gabriël haar vertel het dat sy die Messias se moeder sal wees.[144] Gabriël is 'n engel en boodskapper van God. Mercury word die "boodskapper van die gode" genoem. God in Hebreeus is Elohiem. Dit is ook die Hebreeuse woord vir "gode".

Dit was die 10de dag ná die swanger word van Miryam. Die nommer 10 dui op die Woord van God, want die Tien Woorde is die Verbondsooreenkoms van God met ons:

Exo 34:28b En Hy het op die tafels die woorde van die Verbond, die Tien Woorde, geskrywe.[145]

28 Julie 3 vC:

Die Messias is Koning, die Seun van God.

Son in konjunksie met Regulus in Leo.

Dit is 26 dae ná die aankondiging in die sterre dat die Woord vlees geword het.

Verduideliking van vertolking:

Die Son verteenwoordig die Opperwese, die God van die Heelal.

26 is die numeriese waarde vir Jahweh, die Naam van God.

---

[144] Volgens die chronologie van hierdie boek
[145] "Devariem" beteken "woorde". (Ongelukkig word dit dikwels as "gebooie" vertaal.)

12 Augustus / 1 Elul 3 BC:

Die Ster van die Koning van die Jode in die ooste.

Die Regverdige Blink Môrester,
die Hoëpriester uit die Orde van Melgisedek,
is op pad om verlossing aan die gevangenes te bring.

50 dae ná die swangerword van Miryam het die astroloë gesien hoe die Ster van die Koning van die Jode in die ooste opkom.[146] Dit was die konjunksie van Venus en Jupiter naby Regulus in die konstellasie Leo.

Verduideliking van vertolking:

Venus is die blink môrester. Jesus word die Blink Môrester genoem (Open 22:16). Jupiter is Tzedek ("Regverdig") in Hebreeus. Regulus is die Koningster. Koning is "meleg" in Hebreeus, en die Koning van Geregtigheid is Melgisedek in Hebreeus. Jesus is die Hoëpriester volgens die orde van Melgisedek (Heb 5: 8-10, 6:20).

50 word verbind met die Jubeljaar, wanneer slawe vrygestel word en skulde gekanselleer word. Toe Jesus sy bediening begin het, het hy gelees uit Jes 61: 1 oor die gevangenes wat vrygelaat word, en hy het gesê dat hy daardie profesie vervul het (Luk 4:19)

50 verwys ook na die Fees van die Weke (Heb: "Shavuot"). In Judaïsme word geglo dat God die Tien Woorde op hierdie dag gegee het. Hierdie fees word ook "Pinkster" genoem, wat beteken 50ste. Jesus het aan sy dissipels gesê om na Jerusalem te gaan en te wag totdat hulle met krag van bo af toegerus is. Dit het op Pinkster gebeur toe hulle vervul was met die Heilige Gees (Luk 24:49, Hand 1: 8, 2: 1-4). Dit was 50 dae ná Pesag of Paasfees

Dit het gebeur op die eerste dag van die Hebreeuse maand van Elul. Elul is 'n akroniem vir "Ek is my beminde s'n en my beminde is myne". Dit is 'n aanhaling uit Hooglied 6: 3. Hierdie woorde word dikwels op trouringe gegravuur. Elke dag gedurende Elul word die shofar geblaas tot op die eerste dag van Tishri, wanneer dit die Fees van Trompette is.

---

[146] In Judaïsme word geglo dat "wanneer die Messias geopenbaar word, sal 'n blink en helder ster in die ooste opkom" (Zohar in Eksod.3.3, 4. & in Num fol. 85.4 & 86.1). Sien ook Gill se kommentaar op Num 24:17.

1 Oktober / 22 Tishrei 3 vC:
Dit is 'n nuwe begin.
Jesus die Fontein van Lewende Water is op pad vir hulle wat dors het.

In 3 vC was die heliakale opkoms[147] van Tsemech, die Ster van die Messias, op 22 Tishrei van die Bybelse kalender. 22 Tishrei is die 8ste dag, die laaste dag van Soekkot (Loofhuttefees). Hierdie dag heet "Shemini Atzeret" in Hebreeus. Dit beteken die "agtste dag van samekoms".

Lev 23:36 Sewe dae lank moet julle aan Jahweh 'n vuuroffer bring. Op die agtste dag moet daar vir julle 'n heilige vierdag wees, en julle moet aan Jahweh 'n vuuroffer bring. Dit is 'n feestyd; julle mag geen beroepswerk doen nie.

Verduideliking van vertolking:

Die numeriese waarde van Ἰμσοῦς, die naam van Jesus in Grieks, is 888. Die getal 8 simboliseer 'n nuwe begin.

2 Kor 5:17 Daarom, as iemand in die Messias is, is hy 'n nuwe skepsel; die ou dinge het verbygegaan, kyk, dit het alles nuut geword.

'n Besondere kenmerk van Shemini Atzeret is die Gebed vir reën (Geshem). Dit was op daardie dag dat Jesus uitgeroep het dat die wat dors het, na hom toe moet kom:

Psa 63:1 'n Psalm van Dawid, toe hy in die woestyn van Judah was. O God, U is my God, U soek ek; my siel dors na U, my vlees smag na U, in 'n dor en uitgedroogde land, sonder water.

Joh 7:37-38 En op die laaste dag, die groot dag van die fees, het Jeshua gestaan en uitgeroep en gesê: As iemand dors het, laat hom na My toe kom en drink! Hy wat in My glo, soos die Skrif sê: strome van lewende water sal uit sy binneste vloei.

---

[147] Sien *Sterrekundige tydseenhede* op bladsy 20 vir verduideliking van heliakale opkoms.

21 Maart 2 vC:

'n Baie belangrike gebeurtenis aangaande die Messias van Israel was op die punt om te gebeur ...

Net ná sonsondergang op die aand van 20 Maart 2 vC het die ster Tsemech saam met die volmaan opgekom.

Verduideliking van vertolking:

Die lentenagewening was op 21 Maart in 2 vC. Joodse dae begin saans ná sonsondergang, dus 21 Maart (Bybels gesproke) begin die aand van 20 Maart ná sonsondergang.

Die Bybelse jaar begin op die eerste nuwemaan ná die lentenagewening.

Die eerste dag van die jaar is op die eerste dag van die maand genaamd Awiev (Nissan).

Die ster Tsemech is die gerf ryp gars in die hand van die maagd. Ryp gars word "awiev" genoem in Hebreeus.

Tsemech verteenwoordig die Messias, die lente, die komende garsoes en die komende nuwe jaar.[148]

Om die volmaan en Tsemech saam te sien tydens die lentenagewening is baie belangrik. Die volmaan verteenwoordig Israel.[149]

Dit was 'n teken dat die komende Nuwejaar vir Israel baie belangrik sou wees en dat dit iets met hulle Messias te doen het ...

---

[148] Meer volledig verduidelik in die hoofstukke "Die Ster van die Messias: Die Tak in die hand van die Maagd" (bladsy 55) en "Tsemech, die lente-ster van die gars oes" (bladsy 57).

[149] In Judaïsme verteenwoordig die maan Israel, en die son die nasies van die wêreld. Die totale sonsverduistering oor Amerika op 21 Augustus 2017 (genoem "Die Groot Amerikaanse Verduistering" deur die media) is gesien as 'n boodskap aan die wêreld.

14 September 3 vC, 17 Februarie 2 vC en 8 Mei 2 vC:

Die Kroning van die Seun van Dawid:
Melgisedek, die Koning van Geregtigheid

Heb 1:8 maar aan die Seun sê Hy: U troon, o God, is tot in alle ewigheid, die septer van u koninkryk is 'n regverdige septer.

14 September 3 vC: Jupiter het in konjunksie met Regulus gekom en toe verby beweeg. Toe blyk dit te stop en terug te beweeg totdat dit Regulus 'n tweede keer op 17 Februarie 2 vC verby gegaan het. Dit bly beweeg tot 23 Maart 2 vC waar dit naby Regulus stop.

Vanaf 23 Maart tot 5 April het Jupiter 14 dae lank naby Regulus stilgestaan.

Jupiter het toe weer beweeg en Regulus vir 'n derde keer op 8 Mei 2 vC verbygegaan.

Verduideliking van vertolking:

Regulus is die "Koningster" in die Leo-konstellasie. Die Hebreeuse naam vir Jupiter is Tzedek. Tzedek beteken "geregtigheid". "Koning van" is "Melki" in Hebreeus. Wanneer Jupiter naby Regulus in Leo is, dan kan dit 'n boodskap wees oor Melgisedek. In hierdie geval is dit, want dit het vir 14 dae stilgestaan.

14 is die getal van Dawid, die koning van Israel.

Die terugkeer en omdraai-bewegings van Jupiter word "teruggaande beweging" genoem ("retrograde motion" in Engels). Dit lyk amper asof Jupiter vir "Regulus" kroon (Regulus is die Koningster).

Dit is veelseggend dat die wyse manne navrae gedoen het oor "die Koning van die Jode". Hulle het nie gevra om 'n prins of die seun van 'n koning te sien nie:

Mat 2:2 (die wyse manne het) gevra: Waar is die Koning van die Jode, wat gebore is? Want ons het sy ster in die Ooste gesien, en ons het gekom om hom hulde te bewys.

Met ander woorde, **Jesus was 'n Koning vanaf sy geboorte!**

---

1 Awiev (Nissan) / 5 April 2 vC:
Geboorte van Jesus die Messias

1 Awiev is 'n baie veelseggende datum. Op hierdie datum:

- Is die Tabernakel opgerig,[150]
- Het die priesterdiens begin,
- Word die regeringsjare vir Joodse konings bereken.

---

17 Junie 2 vC:
Ster van Betlehem:
Bevestiging van die dag wat Abraham gesien het

Die wyse manne wat Jesus besoek het, sien "dieselfde ster" weer.

Verduideliking van vertolking:

Jupiter (Tzedek) staan stil vir 14 dae, van 23 Maart tot 5 April, die geboortedag van Jesus Christus. Dit beweeg weer tot sy konjunksie met Venus, die oggendster, op die 75ste dag ná Jesus se geboorte.

Dit was hierdie konjunksie wat die wyse manne in Betlehem gesien het toe hulle Jesus besoek het. Hulle het gedink dit is "dieselfde ster" wat hulle die vorige jaar in die ooste gesien het. Dit is omdat beide konjunksies tussen Jupiter en Venus baie naby aan mekaar was en naby die ster Regulus in die konstellasie Leo was.

Die nommer 75 is baie veelseggend:

Abraham was 75 jaar oud toe God vir hom gesê het dat Hy hom 'n groot nasie sal maak (Gen 12).

Jesus het gesê dat Abraham bly was toe hy sy dag gesien het (Joh 8:56)

75 is die numeriese waarde vir "heylel" (הילל), die helder môrester.

---

31 Augustus / 1 Elul 2 vC:

Die tweede getuie om die geboortedatum van Jesus te bevestig.
En dat hy vir 'n tydperk sal weggaan ...

Opn 22:16 Ek, Jeshua, het my boodskapper gestuur om hierdie dinge aan julle te betuig voor die gemeentes. Ek is die wortel en die geslag (Tsemech) van Dawid, die blink môrester (konjunksie van Jupiter en Venus naby Regulus in Leo).

75 dae later op 31 Augustus was dit die heliakale sakking van Tsemech, langs die nuwe maan. Tsemech was die tweede getuie[151] om die geboortedag van Jesus te bevestig.

Verduideliking van vertolking:

Ons het reeds genoem dat die Hebreeuse woord "heylel" helder of blink beteken en dat dit gebruik word om na Venus te verwys. Maar dit kan ook verwys na die ster Tsemech, omdat Tsemech ook 'n "helder ster" genoem word.

Die feit dat sy heliakale sakking 75 dae ná die ster van Betlehem was, wat op die 75ste dag ná die geboorte van Jesus was, ondersteun hierdie verbintenis.

Die vertrek van die Bruidegom:

31 Augustus 2 vC was op die eerste dag van Elul. Ons het gekyk na die verbintenis van die maand Elul met die Bruidegom (bladsy 82).

Die heliakale sakking van Tsemech was saam met 'n nuwe maan. Hy sal dus vir 'n geruime tyd nie sigbaar wees nie. Jesus het gesê dat hy die Bruidegom is wat weggaan:

Mar 2:20 Maar daar sal dae kom wanneer die bruidegom van hulle weggeneem word, en dan sal hulle vas, in daardie dae.

---

[151] Sien *Die twee helder sterre wat die geboorte van Jesus aangekondig het* op bladsy 54

1 Oktober / 2 Tishrei 2 vC:
Die Bruidegom sal terugkeer
met die klank van die basuin

Hos 6:2 Hy sal ons ná twee dae lewend maak, op die derde dag ons laat opstaan, sodat ons voor sy aangesig kan lewe.

Die heliakale opkoms (terugkeer) van Tsemech was op 2 Tishrei in 2 vC.

Verduideliking van vertolking:

2 Tishrei is die tweede dag van Jom Teruah, die Fees van Trompette.

Jom Teruah word ook genoem *Die Fees waarvan niemand die dag of die uur ken nie.* Dit is omdat in Bybelse tye 'n ekstra dag soms bygevoeg is as die nuwemaan nie op die berekende dag sigbaar was nie.[152]

Ander bestemde tye of feeste was later in die maand. Hulle kon bepaal word sodra die nuwe maan aangekondig was. Maar dit was nie moontlik vir die Fees van Trompette nie, want dit het op die eerste dag van die maand begin.

Daar word geglo dat Jesus terugkom op die Fees van Trompette, omdat hy gesê het dat *niemand die dag of die uur weet* wanneer hy terugkom nie. Dit is 'n Joodse idioom vir Jom Teruah. Dit is ook die volgende bestemde tyd wat Jesus moet vervul.

Mat 25:13 Waak dan, omdat julle die dag en die uur nie weet waarop die Seun van die mens kom nie.

---

[152] Datums in sy boek is gebaseer op die waarskynlikheid dat die sekelmaan sigbaar sou wees. Dit is gewoonlik ongeveer 15 tot 20 uur ná die berekende sterrekundige nuwemaan. Dit was ook die stelsel wat gedurende die Tweede Tempelperiode in plek was:

Die Sanhedrin het die datum bereken wanneer die nuwemaan sigbaar behoort te wees. Die getuies het slegs die nuwemaan op die berekende datum bevestig.

As die sekelmaan sigbaar was, of as dit op die 30ste van die maand was, dan sou die nuwe maand vanaf daardie aand verklaar word.

Indien 'n getuie verklaar het dat hy die maan vóór die berekende tyd gesien het, is hy as 'n valse getuie beskou.

Deel 5: Eras en bedelings

Vervroeging van die nageweninge: Die Groot Jaar en Eras

Pred 3:11 Alles het Hy mooi gemaak op sy tyd; ook het Hy die eeu (era) in hulle hart gelê sonder dat die mens die werk wat God doen, van begin tot end, kan uitvind.

Astrologiese eras of "eeue" (deur teoloë genoem "bedelings" of "dispensasies") word bepaal deur die lentenagewening. Omdat die son- en sterjare (of solêre en sidereale jare) nie presies dieselfde lengte is nie, beweeg die konstellasies agter die opkomende son op die dag van die lentenagewening stadig terug na die vorige (voorafgaande) konstellasie. Dit word die vervroeging (of "presessie") van die lentenagewening genoem.[153]

Eras word vernoem na die konstellasies waarin die son by die lentenagewening verskyn. 'n Astrologiese era is ongeveer 2000 jaar (gemiddeld 2150 jaar as jy die 12 antieke sterretekens gebruik, of 'n gemiddelde van 1985 jaar as jy al 13 konstellasies gebruik)

Een volledige siklus van die nageweninge rondom die (ekliptiese) sonnebaan duur ongeveer 25.800 jaar en word die "Groot Jaar" genoem. Dit word ook die "Platoniese Jaar" genoem ter ere van Plato (hy gebruik die term "perfekte jaar" om die terugkeer van die hemelliggame na hul oorspronklike posisies te beskryf).

Simboliek

Simboliek is grotendeels 'n universele taal, en daarom kom astroloë en droom-uitlêers dikwels tot dieselfde gevolgtrekkings as teoloë.

Wanneer ons die simboliek van sterre, konstellasies en hul tekens met die ooreenstemmende simbole in die Bybel vergelyk, binne die geskiedkundige tydperke van die sterrekundige eras, dan ontvou 'n verbasende profetiese boodskap in die hemelruim.

---

[153] Dit moet nie verwar word met die "waggeling" van die aarde se as wat ook bekend staan as "presessie" nie.

Op die eerste dag van elk van die 4 seisoene sal een van die 12 konstellasies agter die son wees. Die 4 konstellasies hou verband met die een wat die huidige era aandui. Hulle vertel 'n verbasende storie:

Die 4 kardinale tekens of konstellasies is die nageweninge en sonstilstande[154] . Die woord kardinaal kom van die Latynse woord vir skarnier, omdat hulle die verandering in seisoene merk. Die lentenagewening bepaal die era. Wat regtig verbasend is, is hoe die 4 kardinale punte tydens 'n era met mekaar sinchroniseer. Hulle is soos 'n groot sterrekundige horlosie in die lug.

Eras verander na ongeveer 2000 jaar as gevolg van die agteruitbeweging (vervroeging) van die konstellasies, soos gesien by die lentenagewening. Maar die verandering in konstellasie alleen gee ons nie presiese datums nie. Astroloë en teoloë gebruik gewoonlik sekere gebeure wat die era definieer en verteenwoordig. Verandering van eras gaan gewoonlik gepaard met baie skaars sterrekundige gebeurtenisse, soos spesifieke okkultasies (met Jesus se geboorte) of vyfsterstelliums ('n digte groepering van planete binne 'n konstellasie, soos tydens Abraham se geboorte, en ook aan die begin van Aquarius / Nuwe Era).

Astroloë stem nie saam oor die presiese datums wanneer 'n era begin of eindig nie, want mense gebruik verskillende grense vir die konstellasies om die eeue te bepaal. Gewoonlik word gebeure wat plaasvind tydens die oorgange tussen eras gebruik om meer akkurate datums te gee (bv. die vernietiging van die Tweede Tempel, die geboorte van Jesus of 'n ongewone sterrekundige gebeurtenis).

Ons is aan die einde van die Kerk-era (Visse) en betree die "Nuwe Era" Aquarius. Dit beteken dat die wederkoms van Jesus naby is. Ja daar is 'n "Nuwe Era" wat kom - maar dit is nie die een wat die wêreld verwag nie! Dit sal net in die begin lyk of dinge gaan soos hulle verlang. Alles is duisende jare gelede in die Bybel geprofeteer.

---

[154] Of: die 4 kardinale punte van die sonbaan is die 2 ekwinoksiale en die 2 sonstilstandelike punte.

Die Griekse woord vir era is "aiōn" en dit verwys na baie lang tydperke. In Hebreeus is dit "olam". In baie vertalings word dit soms vertaal as "wêreld" soos in "die wêreld wat kom" (ons fisiese wêreld word "eretz" genoem in Hebreeus en "kosmos" in Grieks). Die Jode noem die Messiaanse Tyd (wanneer Jesus as Messias sal regeer) "Olam Haba". Dit word ook vertaal as "altyd" of "altyd en vir altyd".

Teoloë verwys dikwels na drie progressiewe bedelings of stadiums in God se verlossing van die mens: Patriargaal, Mosaïes en Kerk (of Christen). Die Mosaïese bedeling volg op die patriargale bedeling. Die twee saam sinchroniseer met die Era van Ram. Gedurende die Era van Ram was die offerstelsel in plek en die aartsvaders en Israeliete het ramme en bokke geoffer.

Die Kerk-era loop gelyktydig met die Era van Pisces. Paulus noem die Kerk-eeu die bedeling van die "volheid van tye" wanneer hy verwys na die tydperk voor die einde van daardie era:

*Eph 1:9-10 deurdat Hy aan ons die verborgenheid van sy wil bekend gemaak het na sy welbehae wat Hy in Homself voorgeneem het, om die **volheid van die tye** te reël, met die doel om alle dinge wat in die hemele sowel as wat op die aarde is, onder een hoof in die Messias te verenig*

Die Kerk-eeu word ook die "Era van die Heidense Nasies" genoem:

Luk 21:24-27 En hulle sal deur die skerpte van die swaard val en as krygsgevangenes geneem word na al die nasies, en Jerusalem sal vertrap word deur die heidennasies, tot aan die einde van die era van die nasies.

Luk 21:25-26 En daar sal tekens wees aan son en maan en sterre, en op die aarde benoudheid van nasies, in hulle radeloosheid vir die dreuning van see en branders. Mense sal flou word van vrees oor hul verwagting van die dinge wat met die wêreld gaan gebeur, want die kragte van die hemele sal geskud word.

Luk 21:27 En dan sal hulle die Seun van die mens sien kom in 'n wolk, met groot krag en heerlikheid.

Die Era van Aries: Era van Verbonde en Offers

Die Man wat Water bring
Aquarius

Twee visse
Pisces

(Sonde)bok
Capricorn

Ram (Lam)
Aries

Boogskutter
Sagittarius

✝ T
Bul / Tauris

Aarde

Arend met slang
Scorpio (hoër vlak)

Tweeling
Gemini

Skale van Gereg
Libra

Water & Opstanding
Cancer

Maagd
Virgo

Leeu

Aries: 1953 BC - Stellium - Abraham

LN: Lentenagewening, HN: Herfsnagewening, SS: Somersonstilstand, WS: Wintersonstilstand

Era Konstellasieteken Aries: Die Ram, Lam van God

Die Patriargale en Mosaïese bedelings stem ooreen met Aries, die Era van die Ram. Dit het begin toe Abraham 'n ram geoffer het, en dit het geëindig met die kruisiging van die Lam van God (Jesus).

Gen 15:6 En hy (Abraham) het in Jahweh geglo; en Hy het hom dit tot geregtigheid gereken.

*Gen 15:9 En Hy antwoord hom: Neem vir My 'n driejaaroud vers en 'n driejaaroud bokooi en 'n driejaaroud **ram** en 'n tortelduif en 'n jong duif.*

Gen 15:10 En hy het dit alles vir Hom gebring en dit middeldeur gedeel en die helftes teenoor mekaar gelê; maar die voëls het hy nie verdeel nie.

Gen 15:17 En na sononder, toe dit heeltemal donker was, gaan daar 'n rokende oond en vurige fakkel tussen dié stukke vleis deur.

*Gen 15:18 **Op dié dag het Jahweh met Abram 'n verbond gesluit** en gesê: Aan jou nageslag gee Ek hierdie land, van die rivier van Egipte af tot by die groot rivier, die Eufraatrivier*

Jesus word soms uitgebeeld as 'n lam (ram) met 'n kruis. Dit simboliseer die einde van die Era van Ram en die begin van die Era van Pisces

Die Era van Aries is ook die **Era van Verbonde**. 'n Ram is gewoonlik in die helfte gesny met die sluit van 'n verbond

Gen 22:7-8 Toe spreek Isak met sy vader Abraham en sê: My vader! En hy antwoord: Hier is ek, my seun! En hy sê: Hier is die vuur en die hout, maar waar is die lam vir 'n brandoffer? En Abraham antwoord: God (Elohiem) sal vir Homself die lam vir 'n brandoffer voorsien, my seun. So het hulle twee dan saam geloop.

Joh 1:29 Die volgende dag sien Jochanan Jeshua na hom toe kom en hy sê: Kyk na die Lam van God, wat die sonde van die wêreld wegneem!

1 Kor 5:7b Want ook ons Pasgalam is vir ons geslag, naamlik die Messias.

Paulus noem die Verbonde van God die **Verbonde van die Belofte**:

*Efé 2:12 dat julle in dié tyd sonder die Messias was, vervreemd van die burgerskap van Israel en vreemdelinge ten aansien van die **Verbonde van die Belofte**, sonder hoop en sonder God in die wêreld.*

Die eerste verbond is met Abraham gemaak. Daardie verbond is uitgebrei en hernu tot met die laaste een wat Jesus by sy Pasgamaaltyd saam met die dissipels gemaak het

Capricornus: Die Sondebok

Die Sondebok is op Yom Kippoer (Versoendag) geoffer. Ná die dood van Jesus het die skarlaken draad wat aan die Tempel se deur vasgemaak is, nooit weer wit geword nie, totdat die Tempel in 70 nC vernietig is. (Dit het net wit geword as God die Yom Kippoer-offer aanvaar het).

"Die rabbyne het geleer: Veertig jaar voordat die Tempel verwoes was, het die lot nooit in die regterhand gekom nie, die rooi wol het nie wit geword nie, die westelike lig het nie gebrand nie, en die poorte van die Tempel het hulleself oopgemaak." Traktaat Jomah[155] (Versoendag).

Dit is omdat Jesus die laaste Sondebok was vir ons sondes. Toe Jesus gesterf het, was dit die einde van die Era van Aries. In die Messiaanse Era sal daar geen Yom Kippoer-offers wees nie

> Jer 3:16 En as julle vermenigvuldig en vrugbaar word in die land in dié dae, spreek Jahweh, dan sal hulle nie meer sê: Die verbondsark van Jahweh nie. Ook sal dit in die hart nie opkom nie, en hulle sal daaraan nie dink en dit nie soek nie, en dit sal nie weer gemaak word nie.

Daar is geen melding van 'n ark of 'n Jom Kippoer-diens in die Messiaanse Tempel nie (Esegiël hoofstukke 40 tot 46).

Libra: God se Instruksies en die Skale van Geregtigheid

> Spr 11:1 'n Valse weegskaal is vir Jahweh 'n gruwel, maar in 'n volle gewig het Hy behae.

God se Instruksies ("Torah" in Hebreeus) word verteenwoordig deur die Skale van Geregtigheid:

Abraham is gekies omdat hy gehoorsaam was aan God se Instruksies / Torah (Gen 26: 4-5).

---

[155] Michael L. Rodkinson (1918). *New Edition of the Babylonian Talmud -* Oorspronklike teks geredigeer, gekorrigeer, geformuleer en vertaal in Engels. (President Hebrew College, Cincinnati, O). Boek 3, Hoofstuk IV, p.60 (p.1541 van PDF)

Belsasar is geweeg maar is te lig gevind - Dan 5:27.

Jesus het gekom om God se Instruksies (Torah) te vervul (ten volle te preek, te bevestig), en om te sterf in die plek van diegene wat te lig bevind was.[156]

Cancer: Opstanding / Hergeboorte

Cancer het 4 simbooltekens: krap/kreef, dolfyn, rob of seeleeu. In die antieke mitologie verteenwoordig hierdie teken die "opstanding" van die aarde ná die vloed. Miskien het hulle die krap gekies omdat sy 8 bene 'n verwysing is na Noag en sy gesin?

Die konsep van opstanding en die see word duidelik getoon deur die brons waskom voor die tabernakel (Eks 30:18). Salomo het 'n baie groot een gebou wat die See van Brons genoem was. Die priesters en almal wat na die Tempel toe gegaan het, het 'n ritueelbad geneem wat 'n "mikveh" genoem is (doop in Afrikaans). Hulle is "wedergebore" elke keer as hulle uit die water uit gekom het ("opgewek"). Die Rooi See-kruising van die Israeliete word ook 'n doop genoem (1 Kor 10: 2).

Opsomming:

Die Era van Aries was die era van verbonde en offers. Die belangrikste jaarlikse offerandes was die Pasgalam met Pesag en die Sondebok met die Versoendag (Jom Kippoer). Al die offers was volgens die Torah (verteenwoordig deur Libra). Die priesters het 'n *mikveh* (doopbad) geneem elke keer voordat hulle offers gebring het. Die *mikveh* simboliseer wedergeboorte of opstanding

Die offers en bestemde tye ("Bybelse feeste") was skaduwees van Jesus wat op pad was (Kol 2:17, Heb 8: 5). Jesus het die verbond namens Abraham[157] gemaak (Gen 15). Abraham se nageslag het nie die gebooie onderhou nie. Hulle is geweeg en te lig bevind en moes sterf. Maar Jesus was die een wat die Verbond met God namens Abraham gemaak het. Dít is hoekom Jesus moes sterf (Heb 9:15).

---

[156] Mat 5:17, Rom 15:19, Heb 9:15
[157] God het sy naam van Abram na Abraham verander.

Die Era van Pisces: Die Kerk-eeu

Die Man wat Water bring
Aquarius

Twee visse
Pisces

(Sonde)bok
Capricorn

Ram (Lam)
Aries

Boogskutter
Sagittarius

✝ T
Bul / Tauris

— Aarde

Arend met slang
Scorpio (hoër vlak)

Tweeling
Gemini

Skale van Gereg
Libra

Water & Opstanding
Cancer

Maagd
Virgo

Leeu

LN · N

WS

SS

HN

Pisces: 2 vC - "Melgisedek Okkultasie" - Jesus Christus

LN: Lentenagewening, HN: Herfsnagewening, SS: Somersonstilstand, WS: Wintersonstilstand

Die oorsprong van die 1 nC geboortedatum van Jesus.

Dit lyk asof die moderne kalender wat deur Dionysius Exiguus in die 6de eeu nC ontwikkel is, beginnende met die geboorte van Jesus Christus in 1 nC (volgens sy berekeninge), beïnvloed is deur die vervroeging van die nageweninge en astrologiese eras.[158]

Daar is 5 planete sigbare met die blote oog - Mercurius, Venus, Mars, Saturnus en Jupiter. Hulle het in 2000 'n stellium gevorm. Dionysius het dit blykbaar as die einde van die Kerk-eeu (Pisces) beskou.

---

[158] Sepp Rothwangl (2001). "Consideration of the origin of the yearly count in the Julian and Gregorian calendar". Hierdie artikel was 'n lesing by die *"Cosmology though time" International Conference*, gehou by die Sterrekundige Observatorium van die Universiteit van Rome (Junie 17-21, 2001). Aanlyn (9/2018): [http://www.calendersign.com/en/to_adjustment_AD.php]

Meer verwysings gelys op [https://en.wikipedia.org/wiki/Astrological_age]

Hulle het geglo dat 'n era 2000 jaar was, dus het hy 2000 afgetrek en die jaar 1 nC as die geboorte van Jesus bepaal. Dit was die begin van die Era van Pisces en hulle het geglo dat die era met die geboorte van Jesus begin het.

Era Konstellasieteken Pisces: Judaïsme en Christendom

Gal 4:4a Maar toe die bestemde tyd aangebreek het,
het God sy Seun uitgestuur.

Die dood en opstanding van Jesus het die einde van die Era van Aries aangedui. Sy geboorte het die begin van Pisces aangedui.[159]

Volgens astroloë het Pisces begin in 1 nC.

Baie mense is bekend met die vis as 'n Christelike simbool. Daar is 2 visse in die teken van Pisces, wat beide Christendom en Judaïsme verteenwoordig. Die twee visse is verbind aan mekaar, maar kyk weg vanaf mekaar

Hulle albei dien die God van Abraham, maar hulle is nie in eenheid nie. Jesus het gesê dat in hom is Jood en heidene een (Efé 2:12)

Nie net het Jesus gedurende die oorgang van die eras geleef nie - hy WAS die oorgang van die eras! (Dit gee nuwe betekenis aan die liedjie *Rock of Ages*!)

Beeld: WC, Brianhe

Links: Visgereg grap plakker

Die plaat verwys na 'n bekende Joodse visgereg genaamd "gefilte vis".

Dit was waarskynlik as 'n grap bedoel, maar die simboliek pas die teken van Pisces.

---

[159] Let wel: daar is 'n oorgangstydperk tussen eras waar hulle oorvleuel

Beeld: Visse wat Pishes verteenwoordig (oorspronklike): Badstudios London, Flicker, Creative Commons (gesny)

Die volle prys van verlossing

Die Israeliete (mans vanaf 20 jaar en ouer) moes 'n jaarlikse heffing van 'n halwe sikkel betaal as losprysgeld om "versoening vir jul siele te doen" (Eks. 30:16, 38:26). Dit is gebruik vir die Tempeldiens.

Eks 30:16 Neem dan die versoeningsgeld van die kinders van Israel en bestee dit aan die bediening van die tent van samekoms, dat dit die kinders van Israel in gedagtenis kan bring voor die aangesig van Jahweh, om vir julle siele versoening te doen.

Hoekom moes hulle 'n halfsikkel betaal en nie 'n volle sikkel nie? Omdat slegs Jesus die ander helfte kan gee, ons het hom nodig om versoening vir ons te doen. Jesus het aan Petrus gesê om te gaan visvang om hierdie geld te kry om hierdie heffing vir hulle te betaal:

Mat 17:27 Maar dat ons hulle geen aanstoot mag gee nie, gaan na die see toe, gooi 'n hoek uit en neem die eerste vis wat opkom; en as jy sy bek oopmaak, sal jy 'n stater kry; neem dit en gee dit aan hulle vir My en vir jou.

Vissers van mense

Toe Jesus sy dissipels geroep het, het hy gesê dat hy hulle vissers van mense sal maak (Mat 4:19, Mar 1:17). Op 'n dag het sommige van die dissipels gaan visvang. Hulle het die hele nag niks gevang nie. Die volgende oggend staan Jesus op die strand, en hy sê toe hulle moet weer die net ingooi:

Joh 21:6 En hy sê vir hulle: Gooi die net aan die regterkant van die skuit, en julle sal kry. Hulle het toe gegooi en deur die menigte van visse was hulle nie meer in staat om dit te trek nie.

Joh 21:11 Simon Petrus het in die skuit geklim en die net op die land getrek, vol groot visse, honderd drie en vyftig in getal; en alhoewel daar so baie was, het die net nie geskeur nie.

Waarom is die presiese aantal vis neergeskryf? Wat is die verband tussen Jesus, vis en die nommer 153?

Hebreeuse letters het ook numeriese waardes. Die numeriese getalle van woorde word "gematria" genoem. Die gematrië vir die Hebreeuse woorde vir "seuns van God" (*Bney HaElohiem*) en "Ek is God" (*Anie Elohiem*) is 153.

As jy iemand van God vertel, dan is jy 'n "visser van mense", en as hy 'n gelowige word, dan word hy 'n "seun van God" genoem.

Jesus het dus sy goddelikheid en sy opdrag aan sy dissipels (om die evangelie te verkondig) bevestig toe hy hulle 153 visse laat vang het.

Gemini (Tweeling): Esau en Jakob / Rome en die Jode

Die tweeling bevestig die simboliek van die twee visse. Ons lees oor twee tweelinge in die Bybel, een van hulle was Esau en Jakob. Jakob is die ander naam vir Israel (Gen 32:28, 35:10). Esau het gesweer om sy broer Israel dood te maak. Esau, die tweelingbroer van Jakob, word ook Edom genoem (Gen 25:30, 36: 1). In Rabbiniese literatuur verwys Edom na Rome en Christendom

Esau is een van die voorvaders van die Arabiere (Gen 28:19, Gen 36). Die Jode en Arabiere is Semitiese nasies (afstammelinge van Sem, een van die seuns van Noag).

Vanaf ongeveer 700 vC het die Etruskers hulle in Italië gaan vestig. Hulle was afstammelinge van Esau.[160] Hulle het met die Romeinse kultuur geassimileer en dit baie beïnvloed. Die Tarquins, 'n familie van Etruskers, was die laaste dinastiese heersers van Rome.

Herodes die Grote het die verbintenis van Rome met Edom versterk. Hy was 'n Edomiet wat opgevoed is as 'n Jood. In 36 vC het hy Jerusalem en Israel (toe Judea genoem) met die hulp van die Romeinse leër oorwin.

---

[160] Hul manlike gene (Y haplogroep) is baie algemeen in die Midde-Ooste en in die Arabiese wêreld. Teen die eerste eeu vC het hulle sowat 20% van die Romeinse burgers uitgemaak.
www.eupedia.com/forum/threads/25163-Y-DNA-haplogroups-of-ancient-civilizations
www.penn.museum/sites/worlds_intertwined/essay.shtml
Daniel Brinton (1889) The Ethnologic Affinities of the Ancient Etruscans (Gelees voor die Amerikaanse Filosofiese Vereniging, 18 Oktober 1889) 506-527. Aanlyn (1/2019): [http://biostor.org/reference/203314]

Die ander tweeling was Peretz en Serag, die seuns van Juda by Tamar (Gen 38, 1 Kron. 2: 4). Peretz beteken "breek", en Zerach beteken "opkom". Ná die dood van Herodes die Grote is Judea/Israel verdeel (verbreek) in Judéa en Galilea.

Dit was die opkoms van die Romeinse Ryk en Christendom. Teen die 4de eeu was die Christendom geromaniseer (verheidens, gesin-kretiseerd en vergrieks), wat 'n skeuring tussen Jode en Christene veroorsaak het.

Daar is 'n Joodse oortuiging dat Messias sal kom wanneer jy nie kan onderskei tussen Jood en heiden nie - soos met 'n tweeling. Sedert die 1960's (Aanloop tot Aquarius) het baie Christene begin om Bybelse feeste te vier en die Sabbat te hou. Mense verwar hulle dikwels met Jode omdat hulle baie van die oortuigings en gebruike van Christen-gelowiges[161] in die eerste eeu navolg.

Edom en die bou van die Derde Tempel

Sommige Joodse geleerdes glo dat afstammelinge van Edom (nie-Jode) die voorbereidings sal doen vir die bou van die Derde Tempel as "vergoeding" vir die vernietiging van die Tweede Tempel.

> Zec 6:15a En die wat vêr is, sal kom en aan die Tempel van Jahweh bou.

> Jes 60:10a En uitlanders sal jou mure bou, en hulle konings sal jou dien

Herodes die Grote, 'n afstammeling van Edom, het groot bouwerk op die Tempelberg gedoen. Hy wou vir ewig onthou word as die bouer van die grootste tempel van die Jode. Hy het basies die Tempel wat Serubbabel gebou het herbou, maar op 'n baie groter skaal.

Die Tempel is in 70 nC vernietig en al wat oorgebly het, is 'n deel van die Tempel se fondasie (dit word die Kotel of Klaagmuur genoem).

---

[161] In Hebreeus-sprekende gemeenskappe is volgelinge van Jesus Nazareners of Mense van die Weg genoem. In Grieksprekende lande is hulle Xhristianos genoem

"Dit klink onlogies dat die Derde Joodse Tempel deur nie-Jode gebou sal word," het Rabbi Berger aan Breaking Israel News gesê. "Maar Rabbynse bronne verklaar uitdruklik dat dit is wat hulle moet doen om die geskiedkundige ongeregtighede wat gepleeg is, reg te stel."

Baie mense glo die VSA president Donald Trump reeds hierdie proses begin het toe hy besluit het om die Amerikaanse ambassade na Jerusalem te verskuif[162] (dít is waarom die Moslems in oproer was).

Dit sal die einde van die Era van Pisces aandui (eras oorvleuel), want die Messias sal spoedig kom nádat die Antichris as God in die tempel gesit het (2 Thes 2:4).

Die numeriese waarde van Donald Trump in Hebreeus (424) is dieselfde as die woorde *Moshiach ben David*.

Rabbi Berger sê: "Maar Donald Trump is nie regverdig genoeg of kundig in die Bybel om eintlik die Messias te wees nie. Trump se verbintenis met die Messias is dat hy 'n rol sal speel in een van die belangrikste funksies van die Messias. Hy sal die weg baan vir die bou van die Derde Tempel."

Virgo: Die Ster van die Messias wat in die Ooste opkom

Volgens 'n antieke Joodse tradisie[163] sal 'n ster in die ooste opkom wanneer die Messias gebore word. Hemelliggame kom op in die ooste, so wat is so spesiaal omtrent dit?

Die oriëntasie van die rotasie-as van die aarde skuif geleidelik in 'n siklus van ongeveer 25800 jaar (dit gebeur gelyktydig met die vervroeging of terugwaartse beweging van die nagewening). Hierdie "waggeling van die aarde" word "aksiale presessie" genoem.

Wanneer jy oos kyk, dan sal die posisie van die sterre waar hulle "opkom" verander as gevolg van hierdie aksiale presessie.

---

[162] [www.breakingisraelnews.com/104682/ancient-jewish-sources-indicate-trump-will-pave-way-for-third-temple-prominent-rabbi/]

[163] Zohar: Genesis fol. 74. 3. en Exodus fol. 3. 3, 4 (aangehaal deur John Gill in sy kommentaar op Mat 2: 2 in sy *Exposition on the entire Bible*).

Die "Ster van die Messias" het presies in die ooste opgekom en presies in die weste gesak tydens die bewind van die laaste Joodse koning, tot met die vernietiging van die Tweede Tempel.[164]

Die volgende keer dat dit weer sal gebeur, sal eers omtrent 23000 jaar van nou af wees.[165]

Gebore uit 'n maagd[166]

Tsemech verteenwoordig die gerf van gars in die hand van die Maagd, die Virgo-konstellasie. Dit is veelseggend dat die konstellasie Virgo een van die 4 kardinale punte is gedurende die Era van Pisces.

*Gen 3:15 en Ek sal vyandskap stel tussen jou en die vrou, en tussen jou saad en **haar saad**. Hy sal jou die kop vermorsel, en jy sal hom in die hakskeen byt.*

Dit is die eerste profesie oor 'n maagdelike geboorte, want vroue het nie saad nie.[167]

Luk 1:35 En die engel antwoord en sê vir haar: Die Heilige Gees sal oor jou kom en die krag van die Allerhoogste (Eljon) sal jou oorskadu. Daarom ook sal die Heilige wat gebore word, Seun van God genoem word.

Mat 1:20 Maar terwyl hy dit in die gedagte gehad het, verskyn daar 'n engel van Jahweh in 'n droom aan hom en sê: Josef, seun van Dawid, wees nie bevrees om Mirjam, jou vrou, by jou te neem nie, want wat in haar verwek is, is uit die Heilige Gees.

---

[164] Herodes het Jerusalem in 36 vC verower, en die Tempel is in 70 nC vernietig. Die ster Tsemech het op die "ruimtelike ewenaarsvlak" opgekom.

[165] In vergelyking het die ster Tsemech nie eens aan die ruimtelike ewenaar geraak gedurende die tyd van Bar Korbag, die leier van die Joodse opstand in 135 nC nie. (Baie Jode het gedink dat hy die Messias was).

[166] Sien Bylaag D op bladsy 140: *Gebore uit 'n maagd: Is dit moontlik?*

[167] Haar eiers word bevrug deur die saad van 'n man.

Die Maagdelike Bruid van die Messias

Die volgelinge van Jesus is gesamentlik bekend as sy Bruid[168]:

Jes 61:10 Ek is baie bly in Jahweh, my siel juig in my God; want Hy het my beklee met die klere van heil, my in die mantel van geregtigheid gewikkel — soos 'n Bruidegom wat priesterlik die hoofversiersel ombind, en soos 'n Bruid wat haar versier met haar juwele.

Joh 3:27-29 Jochanan antwoord en sê: ... Julle is self my getuies dat ek gesê het: Ek is nie die Messias nie; maar dat ek voor Hom uitgestuur is. Hy wat die Bruid het, is die Bruidegom; maar die vriend van die Bruidegom wat na hom staan en luister, verbly hom baie oor die stem van die Bruidegom. So is dan hierdie blydskap van my volkome.

2 Kor 11:2 Want ek is jaloers oor julle met 'n goddelike jaloersheid: want ek het julle aan een Man verbind, om julle as 'n reine maagd aan die Messias voor te stel.

Open 21:9 En een van die sewe engele wat die sewe bakke gehad het, vol van die sewe laaste plae, het na my gekom en met my gespreek en gesê: Kom hierheen, ek sal jou die Bruid toon, die vrou van die Lam.

Open 22:17 En die Gees en die bruid sê: Kom! En laat hom wat hoor, sê: Kom! En laat hom wat dors het, kom; en laat hom wat wil, die water van die lewe neem, verniet.

Baie astro-profete[169] verbind die vrou in Openbaring met die Bruid van die Messias::

Open 12:1 En 'n groot teken het in die hemel verskyn: 'n vrou wat met die son beklee was, en die maan was onder haar voete, en op haar hoof 'n kroon van twaalf sterre.

---

[168] 'n Bruid word 'n "afgesonderde" of "heilige" genoem in Hebreeus. As jy dink dat jy deel is van die Bruid, maar jy is wetteloos, dan maak jy 'n baie groot fout!

[169] Mense wat na die sterre kyk om voorspellings oor die wederkoms van Jesus te maak. Hulle is veral geïnteresseerd in die konstellasies Leo en Virgo.

Christologieë

Een van die kenmerke van die Christendom is sy Christologieë. Christologie is die teologiese vertolking van die persoon en werk van Christus.[170]

Die dominante Christologie vandag is waarskynlik die Athanasiaanse Belydenis van 361 nC. Dit leer die konsep van die "Drie-enige God" of "Drie-eenheid". Sy oorsprong was die Niceense Belydenis van 325 nC toe Trinitarisme die amptelike Christologie geword het..

Daar was geen amptelike Christologie in die vroeë kerk nie. Dit blyk dat die Christologie van 'n "Twee Eenheid"[171] die algemeenste was in die eerste drie eeue van die Christendom.[172] Jesus het die volgende gesê van hom en sy Vader:

Joh 10:30 Ek en die Vader is een.

Joh 17:11b Heilige Vader, bewaar in u Naam die wat U My gegee het, sodat hulle een kan wees net soos Ons.

Joh 14:9b Hy wat My gesien het, het die Vader gesien

In baie verse in die Bybel is dit onmoontlik om tussen Jesus en God die Vader te onderskei. Hierdie unieke en perfekte eenheid word pragtig weerspieël in die ster Tsemech:

Tsemech is nie 'n normale ster nie, maar twee baie naby sterre wat om mekaar draai. Dit is eers ontdek toe sy lig met 'n spektroskoop ontleed is. Hulle is só naby aan mekaar dat die twee komponente nie van mekaar onderskei kan word nie, selfs nie met 'n baie sterk teleskoop nie. Die vorm van die twee sterre in die stelsel word beïnvloed deur hul aantrekkingskrag-interaksie.[173]

---

[170] "Christus" is die transliterasie van die Griekse "Xhristianos". "Messias" is die transliterasie van die Hebreeuse "Mashiach". Dit beteken "Gesalfde".

[171] 'n Christologie wat slegs na die Vader en die Seun verwys.

[172] Let wel: Hierdie hoofstuk is nie 'n debat oor Christologieë nie. Dit fokus op die eenheid tussen God die Vader en sy Seun Jesus Christus, bloot omdat dit weerspieël word in die binêre aard van die ster Tsemech. Ek maak nie hier 'n teologiese verklaring oor Christologieë nie.

[173] http://www.constellation-guide.com/spica/

Sagittarius: Boogskutter / Boog en pyl

Mat 4:17 Van toe af het Jeshua begin om te preek en te sê: Bekeer julle, want die Koninkryk van die Hemel het naby gekom.

Psa 7:12 As hy hom nie bekeer nie, maak Hy sy swaard skerp; Hy span sy boog en mik daarmee

Die simboliek van die pyl is om na iets te mik. Die Hebreeuse woord "Torah" beteken "instruksie" ("wet" is 'n misvertaling). Die betekenis van sy wortel is om te mik om die doelwit te tref. (Die wortel van die Griekse woord vir sonde is om die doelwit te mis.)

Jesus het gekom om die Torah ten volle te preek (dieselfde Griekse woord "pleroo" word in beide Mat 5:17 en Rom 15:19 gebruik).

Die eindtyd jagters en die diaspora

Jer 16:14 Daarom, kyk, daar kom dae, spreek Jahweh, dat daar nie meer gesê sal word: So waar as Jahweh leef, wat die kinders van Israel uit Egipteland laat optrek het nie;

Jer 16:15 maar: So waar as Jahweh leef, wat die kinders van Israel laat optrek het uit die Noordland en uit al die lande waarheen Hy hulle verdryf het. Ja, Ek sal hulle terugbring in hulle land wat Ek aan hulle vaders gegee het.

Jer 16:16 Kyk, Ek stuur baie vissers, spreek Jahweh, wat hulle sal vang, en daarna sal Ek baie jagters stuur wat hulle sal opjaag, van elke berg en van elke heuwel en uit die klipskeure.

Jagters gebruik boog en pyle om te jag. Die profesie in Jeremia verwys na die eindtyd. God gaan die kinders van Israel terugbring na hulle land. Die terugkeer van Jode uit die diaspora na die land van Israel word "aliyah" genoem. Die terugkeer van al die Jode na Israel sal die einde van die Era van Pisces aandui.

Mense en organisasies wat besig is om Jode te help terugkeer na Israel, word vissers genoem. Diegene wat hulle van hul lande wegjaag (bv. Hitler) word jagters genoem.

Satan die draak, die siele-jagter

Eph 6:16 Behalwe dit alles neem die skild van die geloof op waarmee julle al die vurige pyle van die Bose sal kan uitblus.

Slegte gedagtes en versoekings word die vlammende pyle van die bose genoem. As ons hulle nie keer nie, sal hulle ons vernietig.

WAARSKUWING!
Môre se nuus vandag

Ek het goeie nuus, en ek het slegte nuus:

Sedert die dae van die profeet Daniël (ongeveer 2500 jaar gelede) word daar in die Bybel geprofeteer dat Satan uiteindelik die hele wêreld vir 'n sekere tydperk sal regeer. Dit is geprofeteer dat hy diegene wat die Lewende God aanbid, sal verslaan en dat die hele wêreld hom sal aanbid.

Dit verklaar hoekom daar sedert die begin van die Era van Aquarius 'n herlewing in die heidense godsdienste en satanisme is. Dit is 'n teken van die eindtyd. Regerings van tradisionele Christenlande is nou besig om Christenskap en die Bybel onwettig te verklaar.[174]

Die goeie nuus vir diegene wat Yahweh aanbid, is dat dit net vir 'n spesifieke tyd sal wees, en dan sal die Messias kom:

Dan 7:21 Ek het gesien dat hierdie horing[175] oorlog voer met die heiliges en hulle oorwin,

Dan 7:22 totdat die Oue van dae kom en aan die heiliges van Eljon (die Allerhoogste) reg verskaf is en die bepaalde tyd gekom het dat die heiliges die koninkryk in besit geneem het.

---

[174] Hulle doen dit deur die prediking van die Woord van God as "haatspraak" uit te beeld, alhoewel die kern van die Bybelboodskap liefde en barmhartigheid is - selfs vir jou vyande! Hierdie oorlog teen die Bybel kom baie duidelik na vore wanneer ons besef dat hulle nie teen die Koran is nie (die heilige boek van die Moslems wat die dood van alle nie-Moslems verkondig).

[175] Horings simboliseer heerskappy / koningskap (sien ook Open 17:12).

In die Griekse mitologie was Sagittarius 'n sentaur. Toe mense wat nie perde geken het nie vir die eerste keer perde gesien het met ruiters op, het hulle gedink dat hulle wesens met die bolyf van 'n mens en die onderlyf en bene van 'n perd was. Hulle was waarskynlik berede boogskutters (soos die Mongole wat die meeste van Asië binnegeval en oorgeneem het).

Open 6:2 En ek het gesien, en kyk, daar was 'n wit perd. En hy wat daarop sit, het 'n boog; en aan hom is 'n kroon gegee, en hy het uitgegaan as 'n oorwinnaar en om te oorwin.[176]

Open 13:4-8 En hulle het die draak (Satan) aanbid wat die dier mag gegee het, en die dier aanbid en gesê: Wie is aan die dier gelyk? Wie kan teen hom oorlog voer? v5 En 'n mond is aan hom gegee wat groot woorde en godslasteringe uitspreek, en aan hom is mag gegee om dit twee en veertig maande lank te doen. v6 En hy het sy mond oopgemaak om te laster teen God, om sy Naam en sy tabernakel en die wat in die hemel woon, te laster. v7 Dit is ook aan hom gegee om oorlog te voer teen die heiliges en hulle te oorwin, en aan hom is mag gegee oor elke stam en taal en nasie. v8 En al die bewoners van die aarde sal hom aanbid, almal wie se name nie van die grondlegging van die wêreld af in die boek van die lewe van die Lam wat geslag is, geskrywe is nie.

Die goeie nuus:

Wanneer die toegelate tyd van Satan, die Antichris, die Dier, hulle leërs en die goddelose mense verby is, dan sal Jesus kom (ook op 'n wit perd):

Open 19:11 Toe het ek die hemel geopend gesien; en daar was 'n wit perd, en hy wat daarop sit, word genoem Getrou en Waaragtig, en hy oordeel en voer oorlog in geregtigheid.

Jesus sal Satan en diegene wat hom aanbid verslaan, sowel as al die leërs wat teen Israel veg (Op 19: 11-20: 2).

---

[176] Kommentators verwar soms hierdie verwoester met Jesus omdat hy op 'n wit perd ry. Die konteks is egter die eindtyd, wanneer Satan gesag gegee word om te heers vir 'n sekere tydperk en die volgelinge van Jesus te verslaan.

Die Era van Aquarius: Die Messiaanse Ryk

Die Man wat Water bring
Aquarius

Twee visse
Pisces

(Sonde)bok
Capricorn

Ram (Lam)
Aries

Boogskutter
Sagittarius

† T
Bul / Tauris

Aarde

Arend met slang
Scorpio (hoër vlak)

LN

SS

WS

Tweeling
Gemini

HN

Skale van Gereg
Libra

Water & Opstanding
Cancer

Maagd
Virgo

Leeu

Aquarius: 2012 BC - Stellium - Aantog Messiaanse Era

LN: Lentenagewening, HN: Herfsnagewening, SS: Somersonstilstand, WS: Wintersonstilstand

Astroloë en heidene noem dit die "Nuwe Era" (Eng: "New Age"). Die Messiaanse Koninkryk word in die Bybel geprofeteer sedert die Tabernakel in c. 1445 vC in die woestyn gebou is. Esegiël en Johannes verwys ook daarna.

Era Konstellasieteken: Die Man wat water bring

Jesus: Seun van die Mens en die Fontein van Lewende Water:

> Joh 7:37-38 En op die laaste dag, die groot dag van die fees, het Jeshua gestaan en uitgeroep en gesê: As iemand dors het, laat hom na my toe kom en drink! Hy wat in my glo, soos die Skrif sê: strome van lewende water sal uit sy binneste vloei.

Dit was op die 8ste dag van die Loofhuttefees. Die nommer 8 dui op 'n nuwe begin - soos die komende Messiaanse Nuwe Era.

Wolke bring reën en water, daarom is dit gepas dat die Man wat die Fontein van Lewende Water genoem word, op die wolke kom:

Dan 7:13 Ek het gesien in die naggesigte, en kyk, met die wolke van die hemel het een gekom soos die Seun van die mens, en hy het gekom tot by die Oue van dae, en hulle het hom nader gebring voor Hom.

Dan 7:14 En aan hom is gegee heerskappy en eer en koningskap; en al die volke en nasies en tale het hom vereer; sy heerskappy is 'n ewige heerskappy wat nie sal vergaan nie, en sy koninkryk een wat nie vernietig sal word nie.

Open 14:14 En ek het gesien, en kyk, daar was 'n wit wolk en een soos 'n Menseseun wat op die wolk sit, met 'n goue kroon op sy hoof en in sy hand 'n skerp sekel.

Water het uitgevloei onder die drumpel van die Tempel wat Esegiël in sy gesig gesien het (Esé 47). Dit was 'n visioen van die Tempel wat in die Messiaanse Era in Jerusalem sal staan.

Hierdie stroom water het 'n rivier geword wat in die Dooie See gevloei het, waar dit lewe gebring het. Op die oewer van die rivier sal vrugtebome groei (Eze 47: 5-12).

Taurus (Bul): Die Alef en die Taw (Alfa en Omega)

Die bul verteenwoordig krag. Die eerste en laaste letters van die Hebreeuse alfabet word as simboliese tekens gebruik om die bul voor te stel. In Hebreeus is hulle die "alef" (Akkadiese woord vir "bul") en die "taw".[177]

Bybelvertalers gebruik die ekwivalent van ons Latynse alfabet, die alfa en omega. In die laaste hoofstuk in die Bybel (Open 22) sê Jesus dat hy die Alfa en die Omega is - en dat hy binnekort kom! Alle mag is aan hom gegee.

Wanneer Jesus terugkom, sal die Jode na hom kyk en treur wanneer hulle besef dat hulle hul Messias gekruisig het by sy eerste koms:

---

[177] Die hoofletter T word gebruik om Taurus, die Bull, te verteenwoordig.

*Sag 12:10 Maar oor die huis van Dawid en oor die inwoners van Jerusalem sal Ek die Gees van genade en smekinge uitgiet; en hulle sal opsien na **XA** vir wie hulle deurboor het. En hulle sal oor Hom rouklaag soos 'n mens rouklaag oor 'n enigste seun, en bitterlik oor Hom ween soos 'n mens bitterlik ween oor (die dood van) 'n eersgeborene.*

Open 1:7 Kyk, Hy kom met die wolke, en al die mense sal Hom sien, ook hulle wat Hom deurboor het; en al die volke van die aarde sal oor Hom in selfverwyt weeklaag. Ja, dit is seker!

In die Hebreeuse teks staan daar nie "my" of "hom" nie (sommige vertalings voeg dit kursief in), dit sê in werklikheid die alef-tav, wat die twee simbole vir die bul is. Die oorspronklike letter tav is 'n kruis in die antieke Paleo-Hebreeus (ook genoem Fenisies). 'n Simboliese lees van die Aleph-Tav kan wees "die sterk een aan die kruis".

Scorpius die Arend: Slang-eter

Die Scorpio konstellasie het meer as een simbool. Die arend verteenwoordig die "meer volwasse" Scorpio, 'n "hoër uitdrukking" van Scorpio krag.

Toe God die Verbond met Israel aangegaan het, het Hy Homself beskryf as 'n arend wat hulle op sy vlerke gedra het:

Eks 19:3-4 Maar Moshe het opgeklim na God toe, en Jahweh het hom van die berg af toegeroep en gesê: So moet jy aan die huis van Jakob sê en aan die kinders van Israel verkondig: Julle het self gesien wat Ek aan die Egiptenaars gedoen het, en dat Ek julle op arendsvlerke gedra en julle na My toe gebring het.

Die arend word dikwels met 'n slang in sy kloue uitgebeeld. Arende eet slange. Dit kan ook die engel simboliseer wat Satan aan die einde van dae gaan bind:

Open 20:1-2 Toe het ek 'n engel uit die hemel uit sien kom met die sleutel van die onderaardse diepte en met 'n groot ketting in sy hand. Hy het die draak, die slang van ouds, wat die duiwel en die Satan is, gegryp en hom vir duisend jaar vasgebind.

Leo: Leeu van Judah

Open 5:5 Toe sê een van die ouderlinge vir my: "Moenie huil nie. Kyk, die Leeu uit die stam van Juda, die Afstammeling van Dawid, het die oorwinning behaal en kan die boek met die sewe seëls oopmaak."

Jesus word die Leeu van die stam van Judah genoem. Wanneer hy weer kom sal hy die vyande van Israel vernietig.

Die Jupiter-Venus konjunksie op 17 Junie 2 vC in die konstellasie Leo staan bekend as "Die Ster van Betlehem".[178] Soos dit in die weste gesak het, is dit voorafgegaan deur Mars en Mercurius.

Eers sal daar oorloë wees: Mars is die oorlogsgod

Daar sal profete wees soos Elia: Mercurius word die boodskapper van die gode genoem (gode in Hebreeus is "elohiem"). Hulle sal die weg vir die Messias voorberei, net soos Johannes die Doper gedoen het:

Mat 17:11 En Jeshua antwoord en sê vir hulle: Dis waar, Elia kom eers en sal alles herstel;

Mat 17:12 maar Ek sê vir julle dat Elia al gekom het[179], en hulle het hom nie erken nie, maar aan hom alles gedoen wat hulle wou. So sal die Seun van die mens ook deur hulle ly.

Mat 17:13 Toe verstaan die dissipels dat hy met hulle van Jochanan die Doper gespreek het.

Dan sal die Koning terugkom: Leo het gevolg op Mars en Mercurius soos wat hulle gesak het.

---

[178] Sien *Venus en Jupiter konjunksie: Die "Ster van Betlehem"* op bladsy 52.

[179] Bybelse geskiedenis is profeties, en profesieë het dikwels verskeie gedeeltelike vervulling tot die finale voltooiing. Dit is 'n baie belangrike aspek van profesieë wat altyd in ag geneem moet word wanneer Bybelgeskiedenis en profesie gelees word.

Toe Jesus gesê het dat Elia eers sou kom, het hy verwys na die opstaan van profete wat, net soos Elia, die mense sal waarsku en bekering sal preek in die eindtyd. Daar word geglo dat Moses en Elia die twee profete is wat aan die einde van die dae sal profeteer (Openbaring 11).

Die vier lewende wesens en God se teenwoordigheid

Die vier lewende wesens word verbind met die teenwoordigheid van God en Jesus.

Jesus en die vier lewende wesens:

*Ese 1:26 En bokant die uitspansel wat oor hulle hoof was, was iets wat soos saffiersteen gelyk het, in die gestalte van 'n troon; en op die troongestalte **'n gestalte wat soos 'n mens gelyk het**.*

Ese 1:28 Soos die gedaante van die boog wat in die wolk is op 'n reëndag, so het die glans rondom gelyk. So het die verskyning van die heerlikheid van Jahweh gelyk. En toe ek dit sien, het ek op my aangesig geval en die stem gehoor van Een wat spreek.

Heb 1:3 Jeshua is die helder afskynsel van God se voortreflike glorie en die presiese ewebeeld van sy wese.

Daar is twee verse in die Bybel waar al vier die konstellasies van Aquarius genoem word:

Open 4:7 En die eerste lewende wese was soos 'n leeu, en die tweede lewende wese was soos 'n kalf, en die derde lewende wese het 'n gesig gehad soos 'n mens, en die vierde lewende wese was soos 'n arend wat vlieg.

Ese 1:10 En hulle aangesigte het gelyk soos die gesig van 'n mens; en al vier het die gesig van 'n leeu gehad aan die regterkant en al vier het die gesig van 'n bees aan die linkerkant; ook het al vier die gesig van 'n arend gehad.

Hierdie simbole was op die vier baniere rondom die Tabernakel:

Num 2:2 Die kinders van Israel moet laer opslaan elkeen by sy vaandel, by sy familieteken; op 'n afstand rondom die tent van samekoms moet hulle laer opslaan.

Num 2:3a En die wat aan die oostekant, teen sonop, laer opslaan, moet wees: die vaandel van die laer van Judah

Num 2:10a Die vaandel van die laer van Ruben volgens hulle leërafdelings moet aan die suidekant wees

Num 2:18a Die vaandel van die laer van Efraim volgens hulle leërafdelings moet aan die westekant wees

Num 2:25a Die vaandel van die laer van Dan moet aan die noordekant wees volgens hulle leërafdelings.

Hul baniere was soos volg:

Judah: Leeu

Ruben: Man

Efraim: Bul

Dan: Arend

Die Israeliete het rondom die tabernakel gekamp, met die 4 simbole op hul baniere. God was in hul midde. Een van die name van Jesus is "Immanuël". Dit beteken "God met ons".

Die Tabernakel is opgerig en die priesters is toegewy op 1 Awiev - die geboortedag van Jesus. Dit is baie veelseggend. Die Tabernakel en die priesterdiens wys na Jesus.

Ons verwag dat Jesus by die Fees van Trompette sal terugkeer.[180] Die Bybel sê dat God saam met ons sal woon. Ons vind ook die volgende verwysing na *die fontein van water* gedurende die Messiaanse era:

*Open 21:3 En ek het 'n groot stem uit die hemel hoor sê: Kyk, **die tabernakel van God is by die mense**, en Hy sal by hulle woon, en hulle sal sy volk wees; en God self sal by hulle wees as hulle God.*

*Open 21:6 En hy het vir my gesê: Dit is verby! Ek is die Alef en die Taw, die begin en die einde. Aan die dorstige sal Ek gee uit die **fontein van die water van die lewe**, verniet.*

---

[180] Sien *Die Bruidegom sal terugkeer met die klank van die basuin* op bladsy 88.

Sommige astroloë en teoloë is van mening dat Esegiël se visie van 'n "wiel in 'n wiel" sterrekundige taal was en dat dit verwys na die hemelruim ewenaar en die ekliptiese vlak (sonbaan). Dit is nie waar nie, want Esegiël noem dat daar 4 wiele is, elkeen langs 'n gérub (Ese 10: 9 + 20).

Sommige mense glo dat Esegiël en Johannes 'n astrologiese gerub gesien het wat 'n "lamassoe" genoem word, maar dit stem nie regtig ooreen met wat hulle gesien het nie.

Poortwag van die ou stad Kalag (vandag Nimroud). Dit het die paleis van Ashurnasirpal se paleis bewaak (ongeveer 880 vC). Kalag was een van die stede wat Nimrod gebou het (Gen 10:11).

Hierdie lamassoe het die lyf van 'n leeu, die vlerke van 'n arend, die gesig van 'n man en die horings van 'n bul

Dit is moontlik dat sy oorsprong van Nimrod kom. Hy het astrolatrie gevestig en dit is moontlik dat dit 'n gérub is wat gebaseer is op die vier kardinale punte, maar ons weet dit nie vir seker nie.

Een moontlikheid is dat dit die Era van Taurus verteenwoordig (dit het dieselfde kardinale punte as die Era van Aquarius, maar met die lentenagewening by Taurus).

WC: Metropolitan Kunsmuseum

Wat belangrik is om op te let is dat die voorkoms van die 4 tekens / diere profeties was en na die eindtyd wys (Esegiël en Openbaring is eindtydse profetiese boeke).

Net soos wat die vier tekens die kardinale punte was aan die begin van ons wêreld wat met Adam begin het, het hulle nou teruggekeer om die koms van die tweede Adam, Jesus, te verkondig:

1 Kor 15:45 So staan daar ook geskrywe: "Die eerste mens, Adam, het 'n lewende wese geword." Die laaste Adam het die lewendmakende Gees geword.

*Open 5:6 En ek het gesien, en kyk, in die middel van die troon en **die vier lewende wesens** en in die midde van die ouderlinge staan daar 'n Lam asof Hy geslag is, met sewe horings en sewe oë, wat die sewe Geeste van God is wat uitgestuur is oor die hele aarde.*

Die profeet Esegiël het ook geprofeteer oor 'n stroom water wat uit die Tempel sal vloei (Ese 47). Dit sal die laaste Tempel wees. Dit sal tydens die Messiaanse Era wees. Hierdie stroom water ondersteun ook die siening dat die Era van Aquarius die Messiaanse Ryk is.

Hy is die Seun van die Mens, die Leeu van Judah. Hy het na homself verwys as 'n Fontein van Lewende Water. Hy is die ware Waterman, en die Messiaanse Era sal die eintlike Nuwe Era wees.

Tekens in die hemel in die eindtyd

Sterrekundige gebeurtenisse soos konjunksies is baie algemeen en is nie tekens in hulself wat ons enigiets vertel nie. Wanneer daar egter konjunksies tussen sekere planete en sterre op spesifieke konstellasies op spesifieke datums voorkom, is dit dikwels tekens of boodskappe van God.

Die groot ruimtehorlosie praat met ons wat vandag leef: dit wys na die Messiaanse Nuwe Era wat op hande is, wanneer Jesus weer sal kom as Messias en sy Messiaanse Koninkryk regeer.

Luk 21:25 En daar sal tekens wees aan son en maan en sterre,[181] en op die aarde benoudheid van nasies, in hulle radeloosheid vir die dreuning van see en branders.

Mat 24:30 En dan sal die teken van die Seun van die mens in die hemel verskyn, en dan sal al die stamme van die aarde rou bedryf en die Seun van die mens sien kom op die wolke van die hemel met groot krag en heerlikheid.

Nie net het God die hemelliggame geskep sodat ons sy afsprake met ons kan bepaal nie (Lev 23), Hy het hulle ook geskep as tekens om ons te vertel van die twee belangrikste gebeure in die heelal: die eerste koms en die wederkoms van sy Seun. Sterrekundige gebeure ten tyde van die geboorte van Jesus het sy geboortedatum bevestig, net soos wat sterrekundige gebeure ook na sy wederkoms verwys.

> Die hemelliggame is die werk van God se hande –
> en Hy gebruik hulle om met ons te praat!

---

[181] Die woord "sterre" sluit ook die planete in (planete was "dwaalsterre" genoem).

Deel 6: Kontroversiële / debatteerbare kwessies

Alexander Hislop: *The Two Babylons*

My hoofbronne vir "Sterrekunde en godsdiens" was "*On Isis and Osiris*" (*Plutarch's Morals*),[182] *Asherah in the Hebrew Bible and Northwest Semitic Literature,*[183] *Temples and Priests of Sol in the City of Rome*[184] en *Ancient Mesopotamian Gods and Goddesses.*[185]

Lesers wat bekend is met *The Two Babylons* het waarskynlik gewonder waarom ek al die moeite gedoen het om my eie navorsing te doen, terwyl ek Hislop net kon aangehaal het. Die probleem is dat hy nie as 'n betroubare bron beskou word nie. Sommige kritici beweer dat sy gevolgtrekkings oordryf of duidelik verkeerd is.[186] Ander sê dat sy bronne vals is. Selfs Christelike kletsgroepe en forums waarsku teen Hislop en "Hislopiete".[187]

Dit lyk asof hy al die mites in een versmelt het. Volgens Hislop was baie gode (insluitend Tammus) dieselfde persoon as Nimrod, en hy was getroud met Semiramis. Kritici verwys gewoonlik na die feit dat Semiramis eeue ná Nimrod geleef het, en daarom is Hislop verkeerd. Hislop sê dat daar nog 'n Semiramis was "in die oertye van die wêreld".

---

[182] "*On Isis and Osiris*". *Plutarch's Morals: Theosophical Essays*, vertaal deur Charles William King, [1908].

[183] John Day (1986). "Asherah in the Hebrew Bible and Northwest Semitic Literature". *Journal of Biblical Literature*, Vol. 105, Nr. 3 (Sep., 1986)

[184] Hijmans, S. (2010). Temples and Priests of Sol in the City of Rome. Mouseion: *Journal of the Classical Association of Canada*. (PDF)

[185] The Ancient Mesopotamian Gods and Goddesses Project. Aanlyn (11/2018): [http://oracc.museum.upenn.edu/amgg/index.html]

[186] Ek moet saamstem. Vanweë sy agenda en gretigheid om te bewys dat die gebruike en leerstellings van die RKK uit Babilon kom, is sy gevolgtrekkings dikwels bevooroordeeld en nie altyd gebaseer op voldoende bewyse nie.

Hy is egter nie heeltemal verkeerd nie: Met die stigting van die RKK deur die rade van die Romeinse Ryk is al die godsdienste binne die Romeinse Ryk gesinkretiseer. Daarom vind jy elemente binne die RKK wat uit die Keltiese, Egiptiese, Griekse en Baboniese heidense godsdienste kom. Daarom word dit ook "Rooms-Katoliek" genoem ("Katoliek" beteken universeel).

[187] Iemand wat beweer dat die RKK gebaseer is op "Babiloniese geheimenisse" en dat Nimrod met Semiramis getroud was.

Een van sy verwysings[188] vir hierdie "ouer Semiramis" is Justin.[189] Justin het geskryf dat Semiramis met Ninus getroud was, dat sy Babilon gebou het en 'n muur rondom dit met bakstene, en dat Ninus die eerste was om oorlog te voer teen sy bure.

Gebaseer daarop dat Hislop Ninus gelykgestel met Nimrod. Ek het geen rekords aangetref wat aangedui het dat die naam van Nimrod se gade Semiramis was nie. Ishtar is ook Zarpanit genoem, en Zarpanit was die naam van die gade van Marduk/Nimrod. En ons weet dat Ishtar die gade van Tammus was.

As gevolg van sinkretisme moet ons baie versigtig wees om summier gevolgtrekkings te maak. Daar is geen afdoende bewyse om met relatiewe sekerheid te sê dat Nimrod ook Tammus genoem word, en dat Zarpanit Semiramis genoem word nie. Daarom behoort ons dit nie as feit te verkondig nie. Die bewyse dui aan dat Semiramis regeer het tydens die Assiriese Ryk, baie later as die tyd van Nimrod

Die een gevolgtrekking van Hislop wat ons met sekerheid kan sê is verkeerd, is die volgende[190]:

"Hoe het die Roomse Kerk dan 25 Desember as Kersdag ingestel? Wel, dit het as volg gebeur: Lank voor die vierde eeu, en lank voor die Christen-era self, het die heidene op daardie presiese tyd van die jaar 'n geboortefees ter ere van die Babiloniese Hemelkoningin se seun gehou. 'n Mens kan redelikerwys aanneem dat (ten einde die heidene te paai en die aantal nominale Christene te laat toeneem) die Roomse Kerk dieselfde fees ingevoer het - en bloot Christus se naam daaraan gekoppel het."[191]

---

[188] Alexander Hislop (1858). *The Two Babylons or The Papal Worship Proved to be the Worship of Nimrod and His Wife*. p.24
Aanlyn (12/2018): https://archive.org/details/theTwoBabylons/page/n23

[189] Marcus Junianus Justinus (1st century AD). *Epitome of the Philippic History of Pompeius Trogus*. Vertaal deur John Selby Watson. pp.1-2
Aanlyn (12/2018): [http://www.forumromanum.org/literature/justin/english/trans1.html]

[190] Hislop (1858/93): Hoofstuk 3, Feeste, Afdeling 1: Kersfees en Mariaboodskap. (Bladsy 60 in Eben Swart se Afrikaanse vertaling).
[https://archive.org/details/theTwoBabylons/page/n91]

[191] Die Protestante het ook heidense gebruike en leerstellings. Die Hervormers was nog steeds Katolieke, hulle het net teen sommige gebruike en leerstellings geprotesteer. Ander Katolieke leerstellings en gebruike het hulle behou. (Volgens die Katolieke aanvaar die Protestante die gesag van die pous deur Sondag te onderhou.")

Daar was geen "seun van die Babiloniese koningin van die hemel" gebore op 25 Desember wat die oorsprong van Kersfees was nie:

- Horus was die seun van Isis, die Egiptiese hemelkoningin, en hy is gebore op die winter sonstilstand (22 or 23 Desember).
- Tammus word hergebore by elke lentenagewening.
- Die Fees van Sol (die Romeinse songod) is op 11 Desember gevier.
- Die Romeinse Mithras het eers naby die einde van die 1ste eeu nC ontstaan. Hy het saamgesmelt met Sol en sy verjaarsdag is na 25 Desember verskuif om die Christene te kry om dit te vier. Mithras Sol was die nabootser van Jesus, NIE andersom nie.
- Die enigste songod waarvan ek weet wie se verjaardag waarskynlik op 25 Desember sedert die antieke tye gevier is, was Belenus, die songod van Keltiese mitologie (Joel).

(Ek dink nie dat ons Hislop kan blameer dat hy tot die gevolgtrekking gekom het dat Kersfees uit heidense feeste afgelei is nie, omdat dit deur heidense gebruike oorgeneem is.)

Die slotsom is dat alles wat Hislop geskryf het, nie as feit beskou moet word nie:

Ralph Woodrow het 'n boek geskryf genaamd *Babilon Mystery Religion*, gebaseer op *The Two Babylons* van Alexander Hislop,. Toe hy "gerugte begin hoor het dat Hislop nie 'n betroubare geskiedkundige was nie", het hy teruggekeer na Hislop se werk om dit noukeurig te ondersoek.

Hy het sy boek onttrek van publikasie omdat hy "nie met 'n skoon gewete 'n boek teen heidense vermenging kon publiseer met die wete dat dit self 'n mengsel bevat van wanvoorstellings oor Babiloniese oorsprong nie".[192]

Ter verdediging van Hislop kan ons sê dat hy moes klaarkom sonder die hulp van "Dr. Google", en ook dat baie ontdekkings gemaak is sedert hy sy werk gepubliseer het.

Dit is raadsaam om sy verwysings na te gaan en eerder daaruit aan te haal. Sy boek is nuttig in die sin dat dit jou bewus kan maak van sekere heidense gebruike en oortuigings.

---

[192] Lees sy storie op hierdie skakel: [https://www.equip.org/article/the-two-babylons/]

Sterrewiggelary (Astrologie)

Die Bybel maak 'n duidelike onderskeid tussen tekens in die hemel (sterrekundige gebeure met 'n boodskap) en sterrewiggelary. Sterrewiggelary is die studie van die bewegings en relatiewe posisies van hemelliggame as 'n wyse om inligting oor menslike sake te bekom deur waarsêery (horoskope of sterre voorspellings). Daar is geen verband tussen sterrekunde en sterrewiggelary nie.

Sterre is 'n teken dat dit nag is, hulle veroorsaak nie die nag nie. Sterrewiggelary is soos om te glo dat die sterre die nag veroorsaak het. Sedert antieke tye het heidense priesters sterrekunde bestudeer om waarsêery te beoefen (vir hulle was dit dieselfde ding, twee kante van 'n muntstuk).

Dit is 'n heidense okkultiese praktyk gebaseer op bygeloof. Astroloë beweer dat dit werk, maar daar is geen bewyse daarvoor nie. Selfs die sterretekens wat gebruik word vir die horoskope van die meeste mense (meer as 80%!) is nie korrek nie om die volgende redes:

- Sterrevoorspellings is gebaseer op die 12 antieke sterretekens, maar daar is eintlik 13 tekens. Die Babiloniërs het die 13de teken van die Diereriem (Ophiuchus die Slangdraer) uitgelaat omdat dit nie so lekker ingepas het met hul kalender nie.[193]
- Die konstellasies beweeg as gevolg van die vervroeging (agteruit beweging of presessie) van die nageweninge. Die datums waarvolgens mense se sterretekens bepaal word, is gebaseer op wat hulle was in die dae van die antieke Babiloniërs.

Mense wat in die poolstreke woon het nie eens sterrevoorspellings nie (tensy hulle sekere manipulasie-truuks gebruik).

Die sogenaamde "leiding" van die horoskope is so vaag en generies dat dit nie saak maak watter maand jy in elk geval lees nie. Sommige mense glo in horoskope omdat hulle "voorspellings" soms korrek is, maar dit is slegs as gevolg van wiskundige waarskynlikheid. Jy kan enige generiese voorspelling aan 'n groep mense maak en dit is gewaarborg dat van die goed wat jy sê sal gebeur.

---

[193] Ophiuchus is eintlik jou regte Diereriem teken as jy tussen 29 November en 18 Desember gebore is.

Hemelliggame bepaal nie die omstandighede in ons lewens nie. Ons lewens word beheer deur ons besluite en deur God. God spot met diegene wat in sterrewiggelary glo:

Jes 47:13 Jy is skoon moeg van al die konsultasies met jou baie raadgewers. Laat jou sterrewiggelaars, die sterrekykers wat die hemel opdeel en daarvolgens maandelikse voorspellings maak, tog nou optree en jou red van wat oor jou gaan kom.

Jes 47:14 Kyk, hulle het geword soos stoppels, vuur gaan hulle verbrand. Hulle kan hulself nie red uit die mag van die vlam nie. Daar sal geen kool wees om by warm te word nie, geen vuur om voor te sit nie!

Dit is 'n okkultiese praktyk en God verbied dit:

Deu 18:10 Daar mag niemand by jou gevind word ... wat met waarsêery, goëlery of verklaring van voortekens of towery omgaan nie

Jer 10:2 So sê Jahweh: Moenie die gewoones van die heidene aanleer nie, en skrik nie vir die tekens van die hemel, omdat die heidene daarvoor skrik nie.

Sterrewiggelary was baie belangrik vir die heidene van die Romeinse Ryk, maar dit was nie deur vroeë gelowiges beoefen nie. Dit blyk dat sterrewiggelaars ook 'n rol gespeel het in hulle vervolging:

"Van die begin af het die Christelike Kerk sterk die valse leerstellings van sterrewiggelaars sterk weerstaant. Die Vaders het sterk aangedring op die uitsetting van die Chaldeërs wat die staat en die burgers soveel skade aangedoen het deur fantastiese mistiek te gebruik om die onversadigbare impulse van die gewone mense te bevredig, hul heidense opvattings lewend te hou en 'n siel-verwarrende kultus te bevorder, wat met sy fatalistiese neigings probleme skep in die onderskeiding van reg en verkeerd en die morele grondslae van alle menslike gedrag verswak.

Daar was geen plek in die vroeë Christelike Kerk vir volgelinge van hierdie pseudo-wetenskap nie. Die genoteerde wiskundige Aquila Ponticus is uit die Christelike nagmaal geskors teen ongeveer die jaar 120, weens sy astrologiese dwalinge.

Die vroeë Christene van Rome het dus sterrewiggelaars beskou as hul bitterste, en, ongelukkig, te sterk vyande; en die sterrewiggelaars het waarskynlik hul rol gespeel om die wrede vervolging van die Christene aan te wakker".[194]

Paulus het die Galasiërs tereggewys wat teruggekeer het na hul beoefening van sterrewiggelary:

> *Gal 4:8-10 Maar destyds, toe julle God nie geken het nie, het julle dié gedien wat van nature nie eens regtig gode is nie. v9 Maar nou dat julle God ken, of liewer deur God geken is, hoe keer julle weer terug tot die swakke en armoedige eerste (heidense) beginsels, wat julle weer van voor af aan wil dien? v10 Julle neem dae en en maande en tye en jare waar*

Die Galasiërs was vroeër heidene gewees (vers 8). Hulle het nie die Bybelse feeste vóór hul bekering gevier nie, hulle kon dus nie daarna terugkeer nie (vers 9). Hulle het die heidense feeste gevier wat deur sterrewiggelary beheer is, dít was die enigste dinge waarna hulle kon terugkeer. (Sien ook Kol 2:8)

Die vroeë kerk het sterrewiggelary beskou as 'n vorm van astrolatrie (die aanbidding van sterre en ander hemelliggame as godhede, of die verbintenis van godhede met hemelliggame):

Tertullian (c.155 - c.240 AD): "Ons sien onder die kunste ook sekere beroepe wat skuldig is vir die aanklag van afgodery. Van sterrewiggelaars moet daar nie eens melding gemaak word van nie; . . . Een stelling maak ek: daardie engele, die drosters van God [demone]. . . was ook die ontdekkers van hierdie koddige kuns (sterrewiggelary), en daarom ook deur God veroordeel"[195]

Clemens van Alexandrië (150-215 nC): "Daarom dink die sterrewiggelaars, omdat hulle onbewus is van sulke verborgenhede, dat hierdie dinge [die rampe wat veroorsaak word as demone mense se sonde inspireer] plaasvind deur die gang van die hemelliggame, dus word diegene wat na hulle toe gaan en hulle raadpleeg oor toekomstige dinge, ook in baie gevalle deur hul antwoorde mislei.

---

[194] The Catholic Encyclopedia, Vol. II, *Astrology under Christianity*
[195] Idolatry 9 [A.D. 211]

Moet ook nie daaroor wonder nie, want hulle is nie profete nie; maar, deur baie ondervinding, vind die skrywers van foute 'n soort toevlug in die dinge waarmee hulle mislei is, en stel sekere 'oorgangs- periodes' voor, sodat hulle kennis van die onbekende kan voorgee.

Want hulle stel hierdie 'oorgangsperiodes' voor as tye van gevaar, waarin hulle soms vernietig word, soms nie, omdat hulle nie weet dat dit nie die loop van die sterre is nie, maar die werking van demone wat hierdie dinge reguleer; en daardie demone wat angstig is om die dwaling van sterrewiggelary te bevestig, mislei mense om te sondig deur wiskundige berekeninge, sodat wanneer hulle die straf van sonde ly, óf deur die toestemming van God óf deur 'n wettige vonnis, dit voorkom asof die sterrewiggelaar die waarheid gepraat het".

"Soos gewoonlik gebeur wanneer mense ongunstige drome droom, en geen sin uit hulle kan maak nie, en daar enige gebeurtenis plaasvind, dan pas hulle aan wat hulle in die droom gesien gebeur het; só ook is die wiskunde van sterrewiggelary. Want vóórdat enigiets gebeur, word niks met sekerheid verklaar nie; maar nádat iets gebeur het, dan versamel hulle die oorsake van die gebeurtenis. En so dikwels as hulle skuldig is en iets anders verloop het, dan neem hulle die skuld op hulleself en sê dat dit só en só 'n ster was wat teengestaan het, en dat hulle dit nie gesien het nie; onwetende dat hul fout nie ontstaan het uit hul onverskilligheid in hul kuns nie, maar uit die teenstrydigheid van die hele stelsel . . .

Maar ons wat die rede van hierdie verborgenheid geleer het, weet wat die oorsaak is, want ons het vryheid van wil, soms beheer ons ons begeertes, en soms gee ons toe aan hulle. En daarom is die kwessie van menslike dade onduidelik, want dit hang af van vryheid van wil . . .

Dít is waarom onkundige sterrewiggelaars vir hulself die gesprek oor "oorgangsperiodes" uitgevind het as hul toevlug vir onsekerhede."[196]

Sterrewiggelary (horoskope) het 'n negatiewe impak op ons vrye wil.

---

[196] The Recognitions of Clement 9:12, 10:12 [nC 221] (Vrylik vertaal)

Kersfees

Die werklike geboortedatum van Jesus is 5 April. Hierdie hoofstuk handel oor tradisionele Kersfees-vieringe, meestal op 25 Desember.

Die rede hoekom baie skrywers tot die gevolgtrekking kom dat Kersfees van heidense oorsprong is, is omdat dit 'n heidense viering geword het. (Dit sal waarskynlik meer korrek wees om te sê dat mense Joel en Saturnalia vier terwyl hulle dit "Kersfees" noem!)

Toe ek my navorsing oor hierdie projek begin het, het ek die artikels wat die Christelike oorsprong van Kersfees genoem het geïgnoreer, omdat ek geglo het dat dit opgemaakte stories was. Maar soos ek meer en meer geleer het, het ek begin besef dat die oorsprong van Kersfees op 25 Desember HET inderdaad wel 'n Christelike nie-heidense oorsprong.

Vroeë gelowiges wat dit wel gevier het, het op Jesus gefokus (soos wat sommige van ons toegewyde Christelike voorouers in die onlangse verlede nog gedoen het). Dít is eintlik wat ons moet doen - AS ons beweer dat ons die verjaarsdag van Jesus vier.

Die 25 Desember datum

Die tradisionele datums van 25 Desember en 6 Januarie wat sommige antieke skrywers genoem het,[197] was gebaseer op die oortuiging dat Mirjam op 25 Maart swanger geword het. Die 6 Januarie-datum is gegrond op dieselfde oortuiging, maar dit kom van Griekse geleerdes wat die eerste Griekse lente-maand (Artemisios) gebruik het, in plaas van die eerste Hebreeuse lente-maand (Awiev) om Paasfees te bepaal. Hierdie Griekse datum is 'n bewys van die tradisionele datums se Pasga-oorsprong.

In about 175 AD Theophilus of Caesarea was apparently instructing people to celebrate the birthday of Jesus on 25 December.[198]

---

[197] Sien *Kalenders en die tradisionele geboortedatums van Jesus*, bladsy 58
[198] Rudolfp Hospinian (1612). *De origine Festorum Chirstianorum*, aangehaal by [http://www.dec25th.info/Objections%20Answered.html]. Aanlyn (12/2018): [https://play.google.com/store/books/details/Festa_Christianorum_Hoc_est_de_origine_progressu_c?id=WDxfzV2fpeAC].

Die tradisionele datums vir Kersfees (25 Desember en 6 Januarie) was gevestig teen 221 nC.

In 274 nC het die Sol Invictus-kultus 'n amptelike Romeinse kultus geword. Hulle het "Dies Natalis Invicti Solis" ("die Verjaarsdag van die Onoorwonne Son") op 25 Desember gevier. Die Sol Invictus-kultus was net 'n voortsetting en herlewing van die Romeinse Sol-kultus (soms genoem "Sol Indiges").

Die tradisionele feesdae van Sol was 8 Augustus, 28 Augustus en 11 Desember. Hierdie datums was nie verwant aan enige seisoenale sterrekundige gebeurtenis nie. Verder het die Romeine 'n lunisolêre kalender gehad tot die Julian-sonkalender van 46 vC. Eers tóe het dit moontlik geword om herhalende sterrekundige gebeurtenisse op vaste kalenderdatums te vier. Maar steeds het die Romeinse ritueel-kalenders (genoem "fasti") geen verband getoon tussen die datums van die sonstilstande en nageweninge en godsdienstige feeste nie.

Daar is geen bewyse van Romeinse godsdienstige feeste wat vóór die 4de eeu nC op die wintersonstilstande gevier is nie.[199]

"Tot met die heerskappy van die son-aanbiddende keiser Elagabalus (nc 218-222) en Aurelian (nC 270-275) toe 25 Desember as *Dies Natalis Solis Invicti* gekies is, blykbaar in die verkeerde oortuiging dat dít die datum van die Wintersonstilstand was, was *Fors Fortuna* op 24 Junie die enigste Romeinse fees wat met 'n nagewening of sonstilstand verband gehou het (sien W. Warde Fowler, 1899)."[200]

Die feite toon duidelik dat die datum van 25 Desember om Kersfees te vier was nie op 'n Romeinse heidense fees gegrond nie - dit was andersom!

---

[199] Hijmans, S. (2010). Temples and Priests of Sol in the City of Rome. Mouseion: *Journal of the Classical Association of Canada*. 10. 381-427. 10.1353/mou.2010.0073.
Aanlyn (11/2018): [https://www.researchgate.net/publication/242330197_Temples_and_Priests_of_Sol_in_the_City_of_Rome]

[200] William Matthew O'Neil (1976). *Time and the Calendars* (Manchester University Press) p.85

"Soos wat Wallraff (2001: 175) uitgewys het, is dit heel moontlik dat die middel-vierde eeuse heidense viering van die wintersonstilstand ontstaan het in reaksie op die Christelike aanspraak van 25 Desember as die verjaardag van Christus 'n kwart eeu of vroeër. Oor die algemeen verdien die omvang waarin latere heidense feeste Christelike praktyke en feesvieringe gekopieer, geïnkorporeer of op gereageer het meer aandag as wat dit ontvang het."[201]

Die hoof feesdae vir Saturnalia was van 17 tot 19 Desember: Op 17 Desember was daar 'n openbare banket. 18 en 19 Desember was openbare vakansiedae en die tyd wanneer geskenke uitgeruil is

Kersfees[202] en Joel word op dieselfde dag gevier, maar hulle het verskillende oorspronge en is nie verwant nie. As u na 'n "intergeloofs-kalender"[203] kyk, sal u 'n hele paar "heilige dae" van verskillende godsdienste sien wat op dieselfde dag is, maar glad nie verwant is nie.[204]

Ons moet altyd soek na bewyse van 'n gedeelde oorsprong,
of vir bewyse dat iets wel ontstaan het van iets anders,
VOORDAT ons gevolgtrekkings oor 'n verband kan maak.

Die slotsom is dit: dit is 'n Bybelse beginsel dat ons bewyse moet hê vóórdat ons iemand van enigiets beskuldig. Spekulasie is nie 'n bewys van enigiets nie, ook nie om die fout van iemand aan te haal nie (bv Hislop).

Ons kan niemand van afgodery beskuldig wanneer hulle Kersfees vier met die fokus op Jesus nie. As hulle egter Christene is en heidense gebruike volg, dan moet ons hulle daarteen waarsku.

---

[201] Hijmans, S. (2010). Temples and Priests of Sol in the City of Rome. p.15

[202] Regte Kersfees - NIE 'n Joel / Saturnalia viering wat misleidend "Kersfees" genoem word nie!

[203] E.g. [http://www.interfaith-calendar.org]

"Intergeloof" is 'n eufemisme vir "sinkretisme", m.a.w. heidendom

[204] Selfs feeste met dieselfde name is ook nie noodwendig verwant nie: beide Ganoekah en Diwalie ('n Hindoe-fees) word ook 'Fees van Ligte' genoem, maar hulle is glad nie verwant nie.

Die oorsprong van die "heidense Kersfees"

In 325 nC het die Christendom die staatsgodsdiens van die Romeinse Ryk geword. Dit was die dood van die vroeë kerk. Konstantyn, die Romeinse keiser, was 'n toegewyde volgeling van Sol-Mithras, die Romeinse songod. Hy was slegs 'n Christen in naam. Hy het die kerk van haar Hebreeuse wortels geskei en met die heidendom laat trou.

Die heidene het die kerk oorstroom omdat hulle deur amptelike wetgewing gedwing was. Maar hulle was nog steeds heidene wat Jesus nie geken het nie. Hul reaksie was om "Christelike" name aan hulle heidense gode te gee en hul heidense tempels "kerke" te noem. Hul aanbidding het nie veel verander nie. Hulle het steeds gebid tot hul afgode, wat nou net die name van "heiliges" gekry het.

Hulle het ook hul heidense vieringe van *Joel* en *Dies Natalis Solis Invicti* op 25 Desember saamgebring. Dít is waar die "heidense Kersfees" vandaan kom

Die meeste mense het sedertdien die "Christelike komponente" van "Kersfees" vervang, alhoewel baie dit nog steeds "Kersfees" noem. Die eerlike mense wat weet waaroor dit werklik gaan (bv. Wiccans) noem dit "Joel".

Vier u Joel of Kersfees?

Die verskil tussen Joel ('n heidense fees) en Kersfees (oorspronklik 'n Christelike fees) lê in wat jy op daardie dag doen: as die fokus op die geboorte van Jesus is, en jy lees die Bybelverhaal en sing kersliedere dan vier jy Kersfees.

As Jesus egter skaars genoem word (of glad nie) en die fokus is op heidense rituele, dan vier u eintlik Joel en u bedryf paganisme.

God haat dit wanneer ons Hom probeer dien soos die heidene hulle gode dien:

> *Eks 32:35 So het Jahweh dan die volk getref, omdat hulle die kalf gemaak het wat Aharon vervaardig het.*

Jer 10:2 So sê Jahweh: Maak julle nie gewend aan die weg van die heidene nie, en skrik nie vir die tekens van die hemel, omdat die heidene daarvoor skrik nie. v3 Want die insettinge van die volke is nietigheid; want 'n boom uit die bos kap hulle om, die handewerk van 'n ambagsman met die byl. v4 Hulle versier dit met silwer en goud, hulle maak dit vas met spykers en hamers, dat dit nie waggel nie.

Jer 16:19 Jahweh, my sterkte en my beskutting en my toevlug in die dag van benoudheid, tot U sal volke van die eindes van die aarde af kom en sê: Net leuens het ons vaders geërwe, nietige afgode, en daaronder was niks wat voordeel kon bring nie.

Kol 2:8 Pas op dat niemand julle as 'n buit wegvoer deur die wysbegeerte en nietige misleiding nie, volgens die oorlewering van die mense, volgens die eerste beginsels van die wêreld en nie volgens die Messias nie.[205]

Joelfees en die "Kersboom"

Hesse in Duitsland is 'n ou vergaderplek vir hekse. Een van hul tradisies was om rondom 'n sipresboom te dans en dit daarna aan die brand te steek. Hessiese soldate het die gebruik om sipresbome te versier na Amerika gebring tydens die Amerikaanse Revolusie.

In die 1840's het koningin Victoria haar Duitse man, prins Albert, gevra om 'n boom te versier soos wat hy in sy kinderjare gedoen het. 'n Skets daarvan het in die *Illustrated London News* verskyn. Koningin Victoria was baie gewild, so dit het dadelik hoogs modieus geword in Brittanje en Amerika.[206]

Daar word geglo dat Martin Luther, die 16de eeuse protesterende Rooms-Katoliek van Duitsland, die eerste brandende kerse in 'n boom gesit het. Luther kom van Hesse. (Vandag is daar opgeleide "pelgrimgidse" wat jou op die Luther-roete in Hesse sal neem.)[207]

---

[205] Sien ook *Paulus het die Galasiërs tereggewys wat teruggekeer het na hul beoefening van sterrewiggelary* op bladsy 122

[206] www.history.com/topics/christmas/history-of-christmas-trees

[207] www.luther2017.de/en/experience/luther-trails/the-luther-trail-in-hesse/

Heidense "Kersbome"

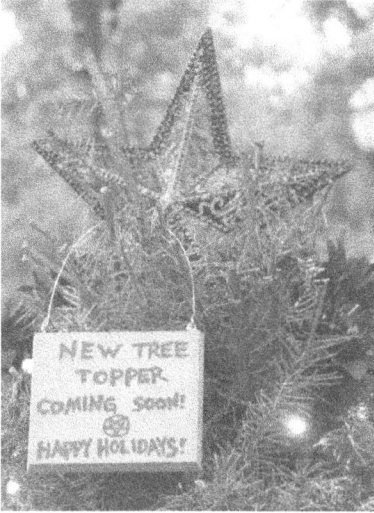

Selfs Sataniste het "Kersbome" (hulle ken die oorsprong daarvan).

Op die aand van 25 November 2017 is die topversiering van hierdie "Kersboom" gesteel. Dit was 'n groot bokkopmasker.

Dit het behoort aan die plaaslike Satanstempel in San Jose, Kalifornië. Dit was hul bydrae vir die jaarlikse "Kersfees in die Park"- geleentheid.

In die leemte wat deur die groot swart bokkopmasker gelaat is, het hulle 'n rooi ster en 'n hout-gegraveerde teken geplaas om besoekers in te lig dat 'n nuwe topper "binnekort kom".[208]

Pauline Campanelli ('n praktiserende Wiccan heks) sê die volgende[209]:

"Van die mooiste tradisies wat ons ouers en grootouers beoefen, is suiwer van heidense oorsprong. So gaan voort en vier die gebruike van jou kinderjare. Stuur Valentyne, kleur Eostre se eiers, bring 'n denneboom in jou huis en versier dit met ornamente van jou familie en weet in jou heidense hart dat wat jy doen 'n tradisionele manier is om die Ou Heidense gode te vereer.

En as iemand vir jou sê, "Ek het gedink jy is 'n heiden. Hoekom het jy 'n Kersboom in jou huis?"

Dan kan jy hulle reguit in die oë kyk en sê,

"Omdat dit 'n heidense tradisie is - hoekom doen jy dit?"

---

[208][https://www.mercurynews.com/2017/11/29/goat-head-topper-stolen-from-san-jose-satanist-groups-christmas-tree/] Beeld: Jason Green, Bay Area News Group (gesny)

[209] Pauline Campanelli, *Ancient Ways – Reclaiming Pagan Tradition* (Llewelly Publications, 1995), 220

Wie is Kersvader?

Kersvader is basies die "Joel-bok", gemeng met Odin / Woden wat die rooi klere en hoed dra van Sol Invictus-Mithras. Ander gode word ook met hom gesinkretiseer, bv. Vader Ryp, die Eikekoning (vrugbaarheidsgod, die Groenman) en die Steekpalm-koning[210] (god van transformasie), ensovoorts. Hy is ook gesinkretiseer met die Heer van Wanbestuur[211].

Odin[212] het afgeklim in skoorstene om geskenke aan kinders te gee. Hulle het hul stewels gevul met strooi vir Sleipnir[213] en by die vuurherd geplaas.

Joulupukki ("Joelbok") was die Finse geskenkbringer tydens Joel. Hy was 'n bok-man met horings en hoewe.[214] Hy het 'n rooi leerbroek en 'n pels afgewerkte rooi leerjas gedra. Hy het in 'n slee gereis wat deur 'n aantal rendiere getrek is (hulle kon nie vlieg soos dié van Kersvader nie).

Die verjaarsdag van Mithras was op 25 Desember. Op skilderye word hy uitgebeeld met rooi klere en 'n rooi Mithras hoed - net soos Kersvader!

Kersvader se slee

Sy slee kan teruggespoor word na die verskillende vervoermiddele van heidense gode: die barke (heilige bote) van Egiptiese gode[215], die wa van Sol, Helios, Apollo of Thor, en Sleipnir die strydros (perd) van Odin.

---

[210] Die Druïde het geglo dat die steekpalm bose geeste weghou. Harry Potter se towerstaf is gemaak van steekpalmhout (*holly wood*).

[211] Eng: "Lord of Misrule". Sien *17-23 Desember: Saturnalia* op bladsy 34

[212] Koning van die Noorse gode. Hy was die heer van Alfheim, die tuiste van die elwe. Sommige Christene sê: "Sit Christus terug in Kersfees". Die heidene sê: "Moet nie Odin uit Joel wegneem nie". Aanlyn (2018):

[https://www.norwegianamerican.com/featured/dont-take-odin-out-of-yule/]

[213] Die agtpotige strydros (perd) van Odin

[214] Miskien is dít hoekom sommige Sataniste 'n bokkopmasker op hul Joel-boom plaas.

[215] Veral Ra en Horus

Mag ons 'n Christelike Kersfees vier?

Ek verwys na 'n viering waar Jesus die middelpunt is, een sonder die heidense gebruike.[216]

Sommige mense maak beswaar teen die viering van Kersfees. Hulle sê dat ons nie in die Skrif beveel word om dit te doen nie. Dit is waar, maar ons word nie verbied om dinge tot die eer van God te doen nie. Mense doen baie dinge tot God se eer uit hul eie uit:

Dawid en Mirjam het gedans, Pinchas het 'n uitdagende afgode-dienaar doodgemaak, Ganoekah (Fees van Toewyding) en Poeriem (Fees van Ester) eer God vir die Jode se redding, ensovoorts.

Ek sê nie dat jy moet of nie moet nie, maar alles wat jy besluit om te doen, maak seker dat dit God eer:

> Rom 14:6a Hy wat die (nie-skriftuurlike fees of vas) dag waarneem, neem dit waar tot eer van Jahweh; en hy wat die (nie-skriftuurlike fees of vas) dag nie waarneem nie, neem dit nie waar nie tot eer van Jahweh.

Op watter dag behoort ons Kersfees te vier?

Sommige mense sê dat dit nie regtig saak maak wanneer ons die geboortedag van Jesus vier nie, dit is die gedagte wat tel. Wat sal jy daarvan sê as iemand wat jou verjaarsdag ken dit op 'n ander dag vier?

Om die geboortedag van Jesus te vier op 1 Awiev (Nissan), die eerste dag van die Joodse jaar, het geestelike en simboliese betekenis. Ons vieringe moet fokus op Jesus Christus, die Woord wat vlees geword het. Ons kan reflekteer oor wie en wat Jesus regtig is:

- Hy is ons Koning: Joodse regeringsjare het op 1 Awiev begin.
- Hy is ons Hoëpriester: Die Tabernakel en priesters is toegewy op 1 Awiev.
- Hy moet ons prioriteit wees - 1 Awiev begin van geestelike jaar.
- Die dag herinner ons aan sy terugkeer.

---

[216] Sien *Christelike of heidense vieringe: U keuse* op bladsy 49

Bylae

Bylaag A: 'n Paar bronne vir meer inligting:

- Gérard Gertoux, *Herod the Great and Jesus - Chronological, Historical and Archaeological Evidence*, (Lulu.com, 2017)

- Schaff, Philip: *History of the Christian Church - From the 1st to the 19th century* (PDF weergawe, beskikbaar vanaf die "Christian Classics Ethereal Library" by www.ccel.org).

- Filmer, W. E. "Chronology of the Reign of Herod the Great", *Journal of Theological Studies* nr 17 (1966), 283–298.

- Edwards, Ormond. "Herodian Chronology", Palestine Exploration Quarterly 114 (1982) 29–42

- Keresztes, Paul. *Imperial Rome and the Christians: From Herod the Great to About 200 nC* (Lanham, Maryland: University Press of America, 1989), pp.1–43.

- Martin, Ernest L., "The Nativity and Herod's Death": Vardaman, Jerry and Yamauchi, Edwin M., eds. (1989). *Chronos, Kairos, Christos: Nativity and Chronological Studies*. Aangebied aan Jack Finegan. Winona Lake, Indiana: Eisenbrauns: 85–92).

- Finegan, Jack. *Handbook of Biblical Chronology*, Rev. ed. (Peabody, MA: Hendrickson, 1998) 300, §516.

- Steinmann, Andrew "When Did Herod the Great Reign?", *Novum Testamentum*, Volume 51, Number 1, 2009, pp. 1–29.

- "On Isis and Osiris". Plutarch's Morals: Theosophical Essays, tr. by Charles William King, [1908].
Aanlyn (12/2018): [http://www.sacred-texts.com/cla/plu/pte/pte04.htm]

- John Day (1986). "Asherah in the Hebrew Bible and Northwest Semitic Literature". Journal of Biblical Literature, Vol. 105, Nr. 3 (Sep., 1986). Aanlyn (11/2018): [https://www.jstor.org/stable/3260509]

- Hijmans, S. (2010). Temples and Priests of Sol in the City of Rome. Mouseion: Journal of the Classical Association of Canada. (PDF)
Aanlyn (11/2018): [https://www.researchgate.net/publication/242330197_ Temples_and_Priests_of_Sol_in_the_City_of_Rome]

- The Ancient Mesopotamian Gods and Goddesses Project.
Befonds deur die Britse Sentrum vir Hoër Onderwys Akademie se Vak Sentrum vir Geskiedenis, Klassieke en Argeologie in 2009-2010. Aanlyn (11/2018): [http://oracc.museum.upenn.edu/amgg/index.html]

Bylaag B: Name en verbintenisse van gode

Dit het alles begin met die Sumeriërs. Die gode en godinne van die mitologie was magtige heersers wat vergoddelik is.

Mense het geglo dat die gode van ander kulture en hul eie gode dieselfde gode was, net met verskillende name. Hulle het gode met min of meer soortgelyke magte en eienskappe gepaar en gesinkretiseer. (Hulle het ook geglo dat dit meer effektief is om hulle met meer as een naam op te roep).

Baboloniese gode is gesinkretiseer met Sumeriese godhede. Hulle het ook die name van hul eweknieë vervang, bv. Inanna het Ishtar geword. Dieselfde proses het tussen verskillende kulture plaasgevind, bv. Egipties, Grieks, Kelties ensovoorts.

Dikwels is hulle name saamgestel: Toe Osiris dood is, het hy saamgesmelt met Ptah en Sokar en Ptah-Sokar-Osiris geword (hoewel Sokar eintlik sy seun Horus was, wat sy reïnkarnasie was). Sol en Mithras het "Deus Sol Invictus Mithras" geword.

Sommige verbintenisse is gebaseer op geskiedkundige rekords. Ander is gebaseer op ooreenkomste wat lyk of dit 'n gemeenskaplike oorsprong aandui. Dikwels is die naam van 'n god in een kultuur gelykgestel aan verskillende gode in ander kulture, bv. Dionysus is gelykgestel aan Osiris, Horus en Tammuz.

Mardoek = Nimrod

Die tekens vir die naam Mardoek kan ideografies as Nimrod in Hebreeus gelees word.[217] Sy naam word getranslitereer AMAR.UD[218].

Sumeriese wigskrif is konsonantaal (geen klinkers, nes Hebreeus). Die konsonante vir Marduk is MRD. Die Hebreeuse woord met daardie basisletters is "Marad". Dit beteken "rebel", wat Nimrod duidelik pas. Maar hoe bring dit ons by Nimrod? Met die eenvoudige passiewe vorm van die werkwoord ("niphal") word die n-klank as 'n voorsetsel bygevoeg, wat vir ons NMRD gee. Voeg die klinkers by en jy kry Nimrod.

---

[217] [http://jewishencyclopedia.com/articles/11548-nimrod]

[218] (Sommige spellings het die K-klank.)

[http://oracc.museum.upenn.edu/amgg/listofdeities/marduk/index.html]

Die eenvoudige passiewe vervoeging vertel my dat Nimrod 'n rebel in sy hart was, selfs al het hy niks gedoen nie. (Ek is nie 'n taalkundige nie, dus kan my gevolgtrekking verkeerd wees, maar dit is nie net hulle name wat hulle verbind nie). Albei was heersers van Babilon. Dit is aangeteken van beide dat hulle 'n ziggoerat in die stad Babilon gebou het.

Mardoek-Nimrod-Osiris-Baal/Tammus

Mardoek / Nimrod word verbind met Baal, wat weer met Tammus verbind word: Een mite sê dat Mardoek die seegod vernietig het, 'n ander een sê dat dit Baal is. Ook was Zarpanit / Asherah die naam van die gade van Baal / Tammus. Zarpanit was ook die naam van die gade van Mardoek / Nimrod. Beide Marduk en Tammus was gode van landbou.

Mardoek / Nimrod kan met Osiris verbind word: Albei was songode. Albei is doodgemaak. Albei is met bulle verbind (Die naam Mardoek kan as "kalf van die son" vertolk word, en Osiris word deur die Apis-bul verteenwoordig). Beide Nimrod en Osiris was swart.

Tammus / Seth / Molog / Baal / Adon / Odin

Ten spyte van die parallelle tussen die verhaal van Baäl se moord en opstanding met dié van Osiris, het die Baal-aanbidders in Egipte hulle nie verbind nie. In plaas daarvan het hulle hom verbind met Seth, die broer van Osiris, omdat hulle albei stormgode was.[219]

Tammus is ook verbind met Molog.[220] Hy word verbind met Saturnus as gevolg van landbou. Saturnus word verbind met die einde van die herfsplantseisoen.

Tammus word verbind met Baäl, die gade van Asherah. Sy word verbind met Hathor, die vrou van Horus.

Odin[221] en Adonis is afgelei van Adon. Beide Adon en Baal beteken "heer" of "meester". Daar is geween vir beide van hulle.

---

[219] April McDevitt: [http://www.egyptianmyths.net/baal.htm]

[220] https://www.jewishvirtuallibrary.org/the-cult-of-moloch

[221] Die verandering van Adon na Odin word "vokaalreduksie" genoem. Klinkers word ook dikwels omgeruil.

Die Hemelkoninginne: Isis, Hathor en Ishtar

Isis[222] word genoem die "Godin met Tien Duisend Name". Dit is omdat sy by baie name aanbid is. Isis, Hathor en Ishtar is almal genoem "Koningin van die Hemel". Hulle was ook "Koei Moeder Godinne", omdat hulle gesien was as moeders wat hul mense voed.

Isis het die dominantste godin in die wêreld geword. Sy het die rolle en titels van baie vroeëre godinne geabsorbeer. Sy en haar seun Horus was waarskynlik die eerste Madonna en kind wat aanbid was. (Toe die Christendom onder Romeinse beheer gekom het, is baie beelde van hulle net Maria en Jesus herdoop).

Ishtar / Asherah / Hathor / Astarte / Anat

Ishtar[223] is die Babiloniese naam vir Inanna. Sy word deur sommige beskou as dieselfde godin as Hathor. Later was sy meer bekend as Zarpanit. Sy was beskou as die vrou van Bil-Mardoek.[224]

Ashera (Qudshu / Athirat) was eers onafhanklik van Astarte en Anat, maar hulle het saamgesmelt en Qudshu-Astarte-Anat geword.[225] As Astarte was sy die gade van Tammus, as Anat was sy die gade van Baäl-Hadad. (Dit bevestig Tammus was as 'n Baal aanbid in Israel).

In die stad Gebal het daar 'n tempel vir Astarte gestaan, dus het hulle haar daar *Baalat Gebal* genoem, Dame van Gebal. Toe die naam van die stad verander word na Byblus, is sy *Baalat Byblus* genoem[226], Dame van Byblus.

---

[222] "On Isis and Osiris". Plutarch's Morals: Theosophical Essays, vertaal deur Charles William King, [1908].

[223] http://oracc.museum.upenn.edu/amgg/listofdeities/inanaitar/index.html

[224] Barton, G. (1891). Ashtoreth and Her Influence in the Old Testament. *Journal of Biblical Literature,* 10(2), p. 76.

[225] John Day (1986). "Asherah in the Hebrew Bible and Northwest Semitic Literature". *Journal of Biblical Literature*, Vol. 105, Nr. 3 (Sep., 1986), p.385, 389

Aanlyn (11/2018): [https://www.jstor.org/stable/3260509]

[226] Baalat is die vroulike vorm van Baal. Haar naam was nie Gebal of Byblus nie, dit was net deel van haar titel om te wys dat sy die godheid van die stad was. Dit is soos om die Vryheidsbeeld "Baalat New York" (Dame van New York) te noem.

Bylaag C: Verwysings vir tradisionele geboortedatums

1. Lukas die Evangelis (c.10 vC - 74 nC) (Lukas 3:1-23, c70 nC): Jesus was omtrent 30 jaar oud toe hy sy bediening begin het, gedurende die 15de jaar van Tiberius Caesar se bewind (14 - 37 nC): 14 + 15 – 31 (geen jaar nul) = -2 vC

Clement van Alexandria (c.150 - 215 nC) bevestig dit[227]:

"En die volgelinge van Basilides hou die dag van sy doop as 'n fees en spandeer die nag voor in lesings. En hulle sê dat dit die vyftiende jaar van Tiberius Cesar was, die vyftiende dag van die maand Tubi (10 Januarie); en sommige dat dit die elfde van dieselfde maand was (6 Januarie)".

Die herders het nie buite gebly in die winter nie, so ons weet dat dit nie in die winter was nie. Jesus is gebore ten minste 'n paar maande vóór die dood van Herodes (28 Januarie 1 vC) .

2. Clement gaan verder en voeg nog 2 datering-verwysingspunte by:

"Vanaf die geboorte van Christus tot by die dood van Commodus (31 Desember 192 nC) is dus altesaam honderd vier en negentig jaar, een maand, dertien dae (17 November 2 vC).

En daar is diegene wat nie net die jaar van die geboorte van ons Here bepaal het nie, maar ook die dag; en hulle sê dit het plaasgevind in die agt en twintigste jaar van Augustus, en op die vyf en twintigste dag van (die Egiptiese maand) Pachon (20 Mei)".

194 jaar voor die dood van Commodus (31 Desember 192 nC):
192 - 194 = -2 vC

Die 28ste jaar van die heerskappy van Augustus (alleenheerser):
-30 + 28 = -2 vC

---

[227] *Stromata XXI.145* (c 195 nC) – *The Jewish Institutions and Laws of Far Higher Antiquity Than the Philosophy of the Greeks*

Baie vroeë gelowiges het geglo dat Jesus op dieselfde dag as sy geboorte gedoop is. Sommige Ortodokse kerke vier nog steeds sy geboorte en doop op 6 Januarie.

3. Irenaeus van Lyons (c. 130 - 202 nC)[228] :
41ste regeringsjaar van Augustus (Oktober 43 vC): -43 + 41 = -2 vC

Let wel: Clement doen sy datering vanaf 29 Augustus 30 vC, ná die Slag van Actium en die dood van Cleopatra, toe Augustus die alleenheerser geword het. Ander antieke skrywers (soos Tertullian en Irenaeus) dateer die Augustus-regering vanaf die vorming van die tweede triumviraat ('n koalisie-regering) in 43 Oktober vC.

4. Tertullian van Carthage (c.160 - 225 nC)[229]:
41ste regeringsjaar van Augustus (koalisie, 43 vC): -43 + 41 = -2 vC
28 jaar ná die dood van Cleopatra (Aug 30 vC): -30 + 28 = -2 vC

Hy bereken die tydperk vanaf die geboorte van Jesus tot die vernietiging van Jerusalem as 52 jaar en 6 maande. Hy het die jare verkeerd bereken (hy het die heerskappy van Claudius uitgelaat), maar hy moes baie bewus gewees het van die feit dat die Jode die vernietiging van die Tempel herdenk op die 9de Av (Julie of Augustus). Dit gee ons Januarie of Februarie.

Tertullian bereken ook die datum van die doop van Jesus as 115 jaar en 6½ maande vóór die koms van Marcion.[230] Die kettersekte van Marcion is in Julie 144 nC gestig. Tertullian verbind hierdie gebeurtenis met die *aura canicularis*, "die wind van die hondster" (Sirius of Sothis), wat gedateer word 19 of 20 Julie. 6½ maande vóór dit ons neem na die eerste week van Januarie.

Volgens sommige tradisies is Jesus gedoop op sy geboortedag, en 6 Januarie was een van die heersende tradisionele datums vir sy geboorte.

5. Hippolytus van Rome (170 - 235 CE)[231]: in die jaar 5500 AM

---

[228] Irenaeus van Lyons (c. 180 nC). *Against Heresies* III: 21:3
[229] Tertullian van Carthage (c.200 nC). *Against the Jews* VIII:11:75
[230] Tertullian. *Against Marcion* 1:19
[231] Hippolytus van Rome (c.210 CE). *Commentary on Daniel*
Hy was 'n dissipel van Irenaeus

Anno Mundi = 'jaar van die wêreld' of sedert die skepping.[232] Africanus noem dat die aanvang van die 250ste Olimpiade (221 nC) 192 jaar ná 5531 AM was.[233]

5531 AM = 221 – 192 = 29 nC. Vanaf 5500 tot 5531 AM is 31 jaar. Dus is 5500 AM = 29 – 31 = 2 vC.

Daar is verskeie manuskripte van Hippolytus se 'Kommentaar oor Daniel', een met twee datums: 2 April en 25 Desember. Dit lyk asof 2 April die oorspronklike datum was wat "gekorrigeer" is (die manuskripte word by die Vatikaan gestoor).

In die Vatikaanmuseum is 'n antieke standbeeld van Hippolytus. Die datums van die Pasga vir die jare 222 tot 333 is daarop gegraveer, en langs een van die datums (2 April) is die woorde "genesis Christou" ("geboorte" van Christus) ingeskryf.

In sy *Chronicon Pashhale* skryf Hippolytus dat vanaf die Pasga van Esra tot die geboorte van Jesus 563 jaar is.

Hy het duidelik geglo dat Jesus tydens Paasfees gebore is, wat in Maart of April is.

6. Sextus Julius Africanus (c. 170 - 250 CE)[234]: in die jaar 5500 AM

5500 AM = 2 vC (sien verduideliking bo-aan bladsy)

Sextus het geglo dat Jesus op 25 Maart ontvang is en op 25 Desember gebore is.[235]

---

[232] Hul "Anno Mundi" kalender stem nie ooreen met Bybelse chronologie nie

[233] Sextus Julius Africanus (221 CE). *Chronographiai*, fragment 18.4.
Volgens hom was die jaar 5531 AM die "koms" van Jesus, verwysende na die begin van sy bediening.

[234] Ibid.

[235] Die datum van 6 Januarie wat deur Clement en Tertulllian genoem word, is ook gebaseer op die tradisie dat Jesus op Pesach ontvang is en nege maande later gebore is, maar hulle het die 14de dag van die Griekse maand Artemisios gebruik. Dit val op 6 April op die Juliaanse / Romeinse kalender. Dít is die oorsprong van die 6 Januarie datum.

7. Origen Adamantius (c. 175 - 260 nC)[236]:

41ste regeringsjaar van Augustus (Oktober 43 vC) : -43 + 41 = -2 vC

8. Daar is 'n derde-eeuse werk genaamd De Pascha Computus (c 243 nC) wat beskou word as die werk van Cyprian.[237] Dit sê dat die eerste dag van die skepping saamgeval het met die eerste dag van die lente op 25 Maart, en dat Jesus vier dae later op die 28ste op 'n Woensdag gebore is. (Die son is op die 4de dag geskape, en Jesus word gesien as die Son van Geregtigheid.)

9. Eusebius van Caesarea (c. 260 - 340 nC):

28 jaar ná die dood van Cleopatra[238]: -30 + 28 = -2 vC

In die derde jaar van die 194ste Olimpiade[239]: -2 vC

10. Epiphanius van Salamis (c. 305 - 403 nC)[240]:

Toe Augustus XIII en Silvanus konsuls was: 2 vC

Hy het geglo dat Jesus op 6 April ontvang is en 9 maande later op 6 Januarie gebore is.[241]

11. Jerome[242]: 49 jaar vóór die 8ste jaar van Claudius Caesar

Claudius het keiser geword op 25 Januarie 41 nC. Sy 7de jaar (die jaar voor die 8ste jaar) was 47 nC. Veertig jaar voor dit was 2 vC.

12. Paulus Orosius[243] (c. 380 - 450 nC):

Jaar 752 vanaf die stigting van Rome

Rome was gestig op 21 April 753 vC.
Die 752ste jaar het geëindig op 20 April 1 vC.

---

[236] Origen Adamantius (231 CE): Homily (sedepreek) oor Lukas 3:1

[237] Sommige beskou dit as 'n verlore werk van Hippolytus, maar dit lyk of Cyprian Hippolytus daarin geredigeer en gekorrigeer het.

[238] Eusebius van Caesarea (340 CE). *Ecclesiastical History* I:5:2

[239] Eusebius van Caesarea (c. 325 CE). *Chronicle*

[240] Epiphanius van Salamis (357 CE). *Panarion* LI:22:3

[241] Thomas Talley, *The origins of the liturgical year* (Liturgical Press, 1986) p 98

[242] Jerome (c.407 CE). *Commentary on Daniel*. Hy haal Apollinaris aan (310 - 390 CE). In Engels vertaal deur Gleason Archer (1958 CE).

[243] Paulus Orosius (418 CE). *Histories against the pagans* VI:22.1

Bylaag D: Gebore uit 'n maagd: Is dit moontlik?

'n Maagdelike geboorte is, vanuit 'n wetenskaplike oogpunt, baie meer waarskynlik as evolusie: Volgens die evolusieteorie is die eerste sel per toeval gevorm. Toe het daardie sel wonderbaarlik deur toeval ontwikkel en nuwe genetiese kode vanuit nêrens geskep.

Met 'n maagdelike geboorte het jy reeds 'n lewende sel, al wat dit benodig is meer genetiese kode. In die natuur het ons voorbeelde van voortplanting sonder bevrugting, bv. hommelbye (manlike bye), Komodo-drake, ensovoorts. Dit heet "partenogenese".

George Wald (biochemikus en evolusionis) het die volgende gesê:[244] "Mens moet net die omvang van hierdie taak oorweeg om te besef dat die spontane ontstaan van 'n lewende organisme onmoontlik is. Tog is ons hier - as gevolg, glo ek, van spontane generasie."

Hierdie stelling verteenwoordig basies die evolusioniste se geloof: "Dit is onmoontlik, maar dit MOES gebeur het, want ons bestaan". Dis 'n geloofsverklaring. Evolusie is 'n godsdiens, maar evolusioniste ontken dit, want dit sal hul saak belemmer.

Wat is wetenskap? Robert Krampf gee 'n goeie definisie: "Wetenskap is 'n objektiewe, selfkorrigerende metode vir die versameling en organisering van inligting omtrent die natuurlike wêreld deur herhaalde waarneming en eksperimentering."[245]

Omdat evolusie nie wetenskaplik bewys kan word nie, het evolusioniste hul eie definisie geskep, iets soos "Wetenskap is die soeke na natuurlike oplossings".

Antony Flew[246] (1923 - 2010) was 'n Britse filosofie professor. Hy was een van die wêreld se invloedrykste ateïste. Hy het 'n ateïs geword op 15 jarige ouderdom.

---

[244] George Wald (1955). "The Origins of Life," in *The Physics and Chemistry of Life* (Simon & Schuster, 1955), p.270

[245] https://thehappyscientist.com/content/definition-science

[246] https://creation.com/review-there-is-a-god-by-antony-flew
https://www.foxnews.com/story/leading-atheist-philosopher-concludes-gods-real

Hy het gesê dat die debat oor God by die aanvaarding van ateïsme moet begin, wat die bewyslas lê op diegene wat argumenteer dat God bestaan (1984, "The Presumption of Atheism"). Hy het ook gesê dat sy hele lewe gelei is deur die beginsel van Plato se Sokrates: "Volg die bewyse, waarheen dit ookal lei."

Dit is presies wat hy gedoen het. Ondersoek van DNA het hom oortuig dat intelligensie betrokke moes gewees het. Hy het ook gesê dat die evolusionêre teorie nie 'n redelike verduideliking het vir "die eerste ontstaan van lewe uit nie-lewende materie" nie - dit is, die oorsprong van lewe. " Hy het sy bevindings in 2007 gepubliseer.[247]

Die enigste manier om 'n eerlike oordeel oor iets te maak, is om van alle kante na die getuienis te kyk. As jy 'n ateïs of skepties is, wil ek jou uitnooi om so bietjie "die bewyslas dat God bestaan" te bestudeer":

'n Paar uitstekende boeke:
Dr. Jonathan Sarfati, Ph.D.
Refuting Evolution en *Refuting Evolution 2*

'n Paar nuttige skakels:
[http://evolutionfacts.com]

[https://creation.com]

[http://www.gjcn.org/2009/09/the-great-hoax-of-evolution/]

[http://detectingdesign.com/quotesfromscientists.html]

[https://answersingenesis.org/evidence-against-evolution/probability/does-evolution-have-a-chance/]

[https://x-evolutionist.com]

[https://x-evolutionist.com/the-origin-of-life-how-did-life-begin-dna-could-not-have-happened-by-chance/]

[http://www.creationism.org/heinze/EvolutionReligion.htm]

[http://theoutlet.us/Quotesoncomplexityofcellandoriginoflife.pdf]

---

[247] Antony Flew met Roy Varghese (2007). *There is a God: How The World's Most Notorious Atheist Changed His Mind*. (Harper Collins, New York).

Bylaag E : Die "Jesus Mite" bogstorie

"Vir diegene wat glo, is geen bewys nodig nie.
Vir diegene wat nie glo nie, is geen bewys moontlik nie."

— Stuart Chase

Met die eerste oogopslag klink die stelling hierbo waar - maar dit is nie. 'n Ware stelling sal wees: "Vir diegene wat WEIER om te glo, is geen bewys moontlik nie". Dit is veral waar vir baie ateïste en valse ateïste[248]. Hulle het die "Jesus Mite" bogstorie gefabriseer.

Hulle sal probeer om mense te oortuig dat Jesus 'n mite is wat gebaseer is op ander mites. Hul "logika" is soos volg: "Daar is sommige godhede wat sommige ooreenkomste met Jesus het, daarom MOET Jesus ook 'n mite wees."

(Dit is soos om te sê dat Divali ('n Indiese fees) en Ganoekah ('n Joodse fees) verwant is en dat die een van die ander MOES ontwikkel het, NET OMDAT beide van hulle ook 'Fees van Ligte' genoem word.)

Die hoofrede hoekom die bogstorie nog steeds bestaan, is as gevolg van die sensuur van die sekulêre anti-Christelike aktiviste wat die beheer oor akademiese instellings oorgeneem het.[249]

---

[248] Sommige Sataniste probeer mense oortuig dat God nie bestaan nie. God is hul vyand en hulle probeer voorkom dat mense Hom aanbid.

[249] Toe 'n span navorsers dit durf waag om die woord "Skepper" in 'n referaat oor die biomeganiese eienskappe van handkoördinasie in die wetenskaplike joernaal PLOS EEN te noem, het een van die redakteurs gedreig om te bedank as die referaat nie dadelik onttrek word nie. [https://creation.com/hand-design-peer-review]

Wanneer boeke wat probeer om Jesus uit te beeld as net nóg 'n mite gepubliseer word, dan bevorder die hoofstroom akademiese wêreld dit. Boeke wat die bewerings weerlê word geïgnoreer. Aanlyn (12/1280): [http://www.redmoonrising.com/osiris.htm]

"Ben Stein se 'Expelled: No Intelligence Allowed' is 'n rolprent oor die onderdrukking van vryheid van spraak waartoe Intelligente Ontwerp-voorstanders onderworpe is deur die ateïstiese Amerikaanse akademiese diktatuur." Aanlyn [https://www.youtube.com/watch?v=V5EPymcWp-g]

Een van die opmerkings op die bladsy is "evolusie is 'n feit".
WARE feit: Nee dit is nie! Evolusie is wetenskaplik weerlê.
(Vra die ouens by https://creation.com as jy meer bewyse benodig.)

Omdat daar ooreenkomste is tussen die mites van "heidense redders" en die verhaal van Jesus, doen die ateïste en anti-christene hul bes om Jesus as net nóg 'n mite uit te beeld. Maar as daardie mites deeglik bestudeer word en vergelyk word met die geskiedkundige bewyse en die evangeliese rekords,[250] dan word dit duidelik dat die dood en opstanding van Jesus nie op enige van daardie mites gebaseer is nie.[251]

Horus en Mithras

Die 2 gunsteling "redder godhede" van die ateïste (en 'n paar skeptici[252]) is waarskynlik Horus en die Romeinse Mithras. Hul vals bewerings kan maklik deur enige kundige persoon wat krities en eerlik is, weerlê word.[253]

Die feeste vir die opgaan van Osiris, die geboorte van Horus en Kikellia was waarskynlik almal op 23 Desember. Volgens die Egiptenare en Romeine se berekeninge was die wintersonstilstand op 25 Desember. Maar hulle het die Juliaanse kalender gebruik. As hulle na die wintersonstilstand verwys het, was dit op 23 Desember (volgens ons Gregoriaanse kalender) in die tyd van Jesus.

As hulle egter spesifiek by hul kalenderdatum van 25 Desember op die Juliese kalender gehou het, dan het die datum vir die fees stadig beweeg. (Die Juliaanse kalender het te veel skrikkeljare. Sien ook *Die Lentenagewening en April-gekkedag* op bladsy 24).

---

[250] Sommige antichristelike "geleerdes" lieg blatant wanneer hulle beweer dat daar geen geskiedkundige bewyse is dat Jesus geleef het, of dat die dissipels regtig geleef het, of dat hulle in die leeftyd van Jesus geleef het nie.

Hul vooroordeel is só erg dat hulle beweer dat Jesus 'n mite was, maar nie 'n geskiedkundige figuur nie - alhoewel mites soos Horus en Tammus op ware geskiedkundige figure gegrond is!

[251] http://www.redmoonrising.com/Giza/DyingandRising3.htm
http://www.redmoonrising.com/osiris.htm

[252] Die meeste sogenaamde "skeptici" is vals: Hulle bevraagteken slegs Christelike en Bybelse oortuigings. Hulle weier om die wetenskaplike bewyse teen evolusie deeglik te ondersoek. Indien hulle dit gedoen het sou min (indien enige) van hulle in evolusie geglo het.

[253] Weerlegging van die aanspraak dat Horus die prototipe vir Jesus was: Joshua J. Mark (2016) - "Horus & Jesus controversy": *Horus* (Ancient History Encyclopedia). Aanlyn (12/2018): https://www.ancient.eu/Horus/

Vir 'n weerlegging van die aanspraak dat Mithras die prototipe vir Jesus was, sien *Fees van Sol (Romeins)* op bladsy 33.

Boeke terugvoer en bestellings

Boeke kan bestel word vanaf: bestellings@moadim.org.za

Kontak skrywer by gerhardmoadim@gmail.com vir terugvoer en vrae. Of besoek ons Facebook bladsy:

https://web.facebook.com/Die-Sterboodskappers-359221344678570/

Hierdie boek is ook beskikbaar as 'n Kindle eBoek op Amazon.com

This book is also available in Engllish under the following title:

"The Star Messengers - Proclaimers of times and signss"

Omtrent ons artikels en leringe

Leringe en hulpbronne wat op ons webwerf geplaas word, kan gratis afgelaai word.

Dit mag gekopieer en versprei word op voorwaarde dat dit sonder veranderings gedoen word, met verwysing na die bron.

https://www.moadim.org.za/

Gebede en finansiële ondersteuning word waardeer:

Bankbesonderhede:
Rek. Naam: Moadim
Rek. Nr: 9232 262 409
ABSA spaarrekening
Tak: Hermanus   632005

Baie dankie en God seën u!

Shalom

www.ingramcontent.com/pod-product-compliance
Lightning Source LLC
Chambersburg PA
CBHW071753090426
42737CB00034B/2873